LA CONVERSACIÓN
SUPREMA

CHARLES F. STANLEY

LA CONVERSACIÓN SUPREMA

SUPREMA

Cómo hablar con Dios por medio de la oración

HOWARD BOOKS
A DIVISION OF SIMON & SCHUSTER, INC.
New York • Nashville • London • Toronto • Sydney • New Delhi

Howard Books
Una división de Simon & Schuster, Inc.
1230 Avenue of the Americas
New York, NY 10020

Copyright © 2012 por Charles Stanley

Traducido del inglés por Marian Belmonte

Primera edición en rústica de Howard Books, noviembre 2012

HOWARD y su colofón son sellos editoriales de Simon & Schuster, Inc..

Para obtener información respecto a descuentos especiales en ventas al por mayor, diríjase a Simon & Schuster Special Sales al 1-866-506-1949 o business@simonandschuster.com

La Oficina de Oradores (Speakers Bureau) de Simon & Schuster puede presentar autores en cualquiera de sus eventos en vivo.
Para más información o para hacer una reservación para un evento, llame al 1-866-248-3049 o visite nuestra página web en www.simonspeakers.com.

Excepto cuando se indique lo contrario, las citas bíblicas han sido tomadas de la versión Reina-Valera © 1960 por las Sociedades Bíblicas en América Latina. Todos los derechos reservados.

Impreso en los Estados Unidos de América

10

ISBN 978-1-4516-9115-3

De todas las lecciones que he aprendido
de mi padre, de todos los retos que le he
visto enfrentar, de todos los éxitos que le he
ayudado a celebrar, de todos los desengaños
que sé que ha sufrido, la característica
que más lo define es su relación con Dios
por medio de la oración. Nada me ha
influenciado más que observar su hábito
diario de tener un encuentro con Dios
en su lugar de oración, de rodillas, con la
Biblia abierta, y con poca consideración
por el tiempo.

—BECKY STANLEY BRODERSEN, ABRIL DE 2012

ÍNDICE

Índice

LA CONVERSACIÓN SUPREMA

1

UNA CONVERSACIÓN CON EL GRAN SOLUCIONADOR DE PROBLEMAS

Su inestimable privilegio

¿SABÍA QUE ES USTED EL beneficiario de un gran honor? Usted tiene el *privilegio* de poder entrar al salón del trono mismo del gran YO SOY. Y no solo ha sido usted invitado a estar en presencia de Él; ha sido invitado a una *conversación*, un diálogo íntimo con Aquel que más se interesa por usted. Es la conversación suprema: su oportunidad de buscar de su Creador entendimiento; su oportunidad de pedir al Señor de todo lo que existe que lo libere en las áreas donde no puede ayudarse a usted mismo; y su privilegio de conocerlo mejor a Él.

Las personas leen libros sobre la oración debido a todo tipo de razones. Algunos quieren estar seguros de afrontar la vida del modo más positivo y eficaz posible; saben que el Padre les dirigirá en los caminos que sean mejores para sus vidas, y por eso se esfuerzan por aprender los aspectos prácticos de la comunicación con Él.

> *La oración es un diálogo íntimo con Aquel que más se interesa por usted.*

Otros se encuentran en situaciones en las que no tienen otra opción sino la de dirigirse a Dios para encontrar dirección. Los desafíos que afrontan están muy por encima de sus capacidades, y se dan cuenta de que no pueden rescatarse a sí mismos. Reconocen que necesitan al Salvador, y desean que Él los libre de sus dificultades y su sufrimiento.

A veces, las personas batallan con la pregunta «¿por qué?» tan intensamente que no saben a qué otro lugar acudir en busca de respuestas. Esperan que el Señor, en alguna manera, dé a sus vidas importancia y significado.

Algunos sencillamente quieren conocer a Dios, íntimamente, personalmente y profundamente, y esa es una razón maravillosa para orar. De hecho, aprender sobre el Padre y entender sus caminos debería motivar nuestros ratos de comunión con Él. Él nos ama y quiere que lo conozcamos.

Cualquiera que sea su objetivo con la lectura de este libro sobre la conversación suprema, quiero alentarlo a buscar al Señor y acudir al trono de la gracia más frecuentemente, con mayor intensidad y enfoque. En el trono de Él es donde usted descubrirá la vida al máximo: una vida caracterizada y enriquecida por una relación creciente y vibrante con el Señor Dios Todopoderoso, el gran Solucionador de problemas.

¿UNA CONVERSACIÓN? ¿DE VERDAD?

Pero quizá usted se pregunte si es realmente posible una conversación con el Dios del universo. Después de todo, la mayoría de las personas dicen que oran, pero cuando se les pregunta más detalladamente si verdaderamente creen que el Señor les escucha y les responde, contestan: «Espero que así sea». Puede que no tengan confianza en que Él responderá porque en realidad no confían en su carácter. Quizá duden de ser dignos de recibir la atención de Él.

Permítame asegurarle que Dios nunca quiso que nos acercásemos a Él con la actitud de «espero que así sea»; quiere que *confiemos* en Él. Nuestro buen, amoroso y poderoso Padre celestial está siempre dispuesto a escuchar y responder las oraciones de sus hijos. Su respuesta puede que no sea lo que nosotros esperamos, pero Él siempre responde si nosotros estamos dispuestos a escuchar.

Por tanto, cuando la gente me pregunta si yo verdaderamente creo que mantener una conversación con Dios es realmente posible, puedo responder sinceramente: «Sí, lo creo sin duda». En Jeremías 33.3 Él promete: «Clama a mí, y yo te responderé, y te enseñaré cosas grandes y ocultas que tú no conoces». El Señor nunca ha faltado a una promesa, y nunca lo hará (Josué 21.45; 1 Reyes 8.56). Podemos confiar en que Él nos responde (Salmo 91.15).

Esto nos lleva al primer principio fundamental de este libro:

PRINCIPIO FUNDAMENTAL NÚMERO I

Dios *desea* comunicarse con nosotros

Debemos comenzar aquí porque, como nos dice Hebreos 11.6, «es necesario que el que se acerca a Dios crea que le hay, y que es galardonador de los que le buscan». El Padre quiere que usted lo conozca de una manera profunda y camine en íntima comunión con Él.

Su oportunidad para tener una relación personal *con Dios*

Puedo decir esto porque yo he experimentado una profunda relación personal con Él. Cuando reflexiono en mi vida, puedo recordar muchos largos períodos de oración casi constantes, hablando con el Padre en cada oportunidad. A veces, su presencia era tan poderosa que lo único que yo podía hacer era susurrar alabanzas a su santo nombre con respeto y admiración. Otras veces el dolor era tan profundo y mi indefensión tan abrumadora que solamente podía clamar a Él con desesperación. He experimentado momentos de llanto y también ratos de gozo delante de su trono. Él nunca me ha defraudado ni me ha abandonado, ni una sola vez (Deuteronomio 31.8, 16; Hebreos 13.5).

Usted también puede conocer a tan constante Ayudador, tan fiel Amigo, tan digno Guerrero, tan sabio Líder y tan gran Redentor. También usted puede experimentar a Dios de manera tan profunda y tan íntima como yo porque Él es absolutamente maravilloso.

El Padre quiere que usted lo conozca de una manera profunda y camine en íntima comunión con Él.

La mejor parte es que usted no necesita nada extra para disfrutar del amor y de la sabiduría de Dios: solamente un corazón abierto con el anhelo de conocerlo. Conozco una dama muy querida que tiene un asiento en su cuarto de tejer al que llama «la silla de Dios». Ella se sienta allí solamente para orar, no con ningún otro propósito. Cada día va allí para buscar al Padre, muchas veces durante una hora o más a la vez. Es su lugar especial en cualquier momento que desea experimentar la presencia del Señor. ¿Hay algo extraordinario, sobrenatural o importante en cuanto a esa silla? No. Es simplemente una vieja silla, pero representa su comunión con el Dios vivo, y la verdad de que no hay absolutamente nada mejor que conocerlo a Él.

SU INESTIMABLE PRIVILEGIO

¿Por qué soy tan apasionado en cuanto a hablar al Padre? Porque quiero que usted disfrute de la mejor vida posible. Y si alguna vez ha pasado tiempo con Dios, quizá haya experimentado lo vigorizante y alentadora que puede ser su presencia.

Constantemente me sorprenden el discernimiento y los principios que el Padre me muestra en su Palabra durante períodos de tranquila meditación en oración. Cuando he tenido que enfrentarme a dolorosas pruebas, su amoroso consuelo y dirección me han ayudado a salir más fuerte en espíritu y victorioso, en lugar de salir más débil y derrotado. Y solamente puedo atribuir algo productivo o efectivo en mi ministerio a la sabiduría y el poder de Él.

¿Es eso lo que usted desea: comprensión y discernimiento profundos? ¿Consuelo y dirección que le ayuden a triunfar en sus pruebas? ¿Sabiduría y poder que le conduzcan al éxito en la vida? Esas son las recompensas de una conversación vibrante, firme y permanente con Dios.

Es que a usted y a mí se nos ha concedido un gran privilegio en la oración, y el Señor desea que recibamos y utilicemos este regalo cada día de nuestras vidas. Sin embargo, debemos comprender que aunque este honor es gratuito para nosotros, fue costoso para Dios.

Esto nos lleva al segundo principio fundamental:

PRINCIPIO FUNDAMENTAL NÚMERO 2

La oración está arraigada en una *relación personal*
   con Dios.
Su propósito es *fortalecer y profundizar* su intimidad
   con Él.

Nuestra conversación con Dios es el medio mediante el cual nos acercamos más a Él. Pero si usted y yo no tenemos una relación con el Señor, entonces nuestras oraciones no tendrán poder alguno. ¿Cómo entablamos una relación con el Padre? Es muy sencillo, y todo comienza con Jesús (Juan 14.6; Romanos 5.1).

La verdad es que usted y yo no podemos conocer a Dios hasta que primero permitamos que su Hijo, Jesucristo, nos reconcilie con Él. Colosenses 1.20–22 nos dice:

Y por medio de él reconciliar consigo todas las cosas, así las que están en la tierra como las que están en los cielos, haciendo la paz mediante la sangre de su cruz. Y a vosotros también, que erais en otro tiempo extraños y enemigos en vuestra mente, haciendo malas obras, ahora os ha reconciliado en su cuerpo de carne, por medio de la muerte, para presentaros santos y sin mancha e irreprensibles delante de él.

JESÚS NOS RECONCILIA CON EL PADRE

Todos estamos separados del Señor debido a nuestro pecado (Romanos 3.23); pero mediante su muerte en la cruz y su resurrección, Jesús nos perdonó nuestros pecados y restauró nuestra capacidad de tener una relación eterna con el Padre. Como dije anteriormente, el privilegio de tener una conversación permanente con Dios fue muy costoso, pero es un regalo totalmente asombroso que nunca puede perderse.

Nunca tenemos que sentir vergüenza en la presencia de Dios cuando conocemos a Jesús como nuestro Salvador.

Pero ¿qué logró para nosotros realmente la salvación por medio de Jesús? Su redención significa que usted y yo nunca tenemos que sentirnos indignos cuando nos acercamos al Señor; nunca tenemos que sentir vergüenza en su presencia cuando conocemos a Jesús como nuestro Salvador. Somos totalmente perdonados, completamente limpiados de todo lo que hayamos hecho mal.

El Salmo 103.12 promete: «Cuanto está lejos el oriente del occidente, hizo alejar de nosotros nuestras rebeliones». Romanos 8.1 también confirma: «Ahora, pues, ninguna condenación hay para los que están en Cristo Jesús». Él nos ama y siempre nos da la bienvenida como «santos y sin mancha e irreprensibles» (Colosenses 1.22).

Puede que usted piense: *Yo nunca he confiado en Jesús como mi Salvador. Nunca he entrado en una relación con Dios, pero me gustaría hacerlo.*

No es difícil; de hecho, Jesús ha hecho toda la obra por usted. Lo único que usted tiene que hacer es aceptar su provisión por la fe (Efesios 2.8, 9). Reconozca que ha pecado y pídale a Él que le perdone. Puede decírselo con sus propias palabras o utilizar esta sencilla oración:

Señor Jesús, te pido que perdones mis pecados y me libres de la separación eterna de Dios. Por la fe, acepto tu obra y tu muerte en la cruz como el pago suficiente por mis pecados. Gracias por proporcionarme el camino para que pueda conocerte y tener una relación con mi Padre celestial. Por medio de la fe en ti, tengo vida eterna y puedo disfrutar de la conversación suprema. Gracias por escuchar mis oraciones y amarme incondicionalmente. Por favor, dame la fuerza, sabiduría y determinación para caminar en el centro de tu voluntad. En el nombre de Jesús, amén.

Aún puedo recordar el domingo en que conocí a Jesús como mi Salvador personal. Acepté a Dios como mi Redentor a los doce años de edad, y todavía recuerdo estar sentado en la iglesia con mis amigos Clyde, James, Tig y Nelson. Una señora estaba predicando aquella mañana, así que mis amigos y yo llegamos temprano y nos sentamos en la segunda fila.

Normalmente, yo me distraía un poco cuando todos nos sentábamos juntos, pero aquella mañana fue diferente. Cuando ella terminó de hablar y el órgano comenzó a sonar, yo no me sentía bien por dentro. De repente, me sentí solo y desconectado de mis amigos. Aun más inquietante, me sentí aislado de mi mamá, la única persona que yo tenía en el mundo. Pero lo peor de todo fue que entendí que también estaba separado de Dios.

Yo no conocía al Padre en aquel momento. Solamente sabía *acerca de* Él, pero Él no estaba en mí como estaba en mi mamá. Yo no tenía la fe que ella tenía. Todas las noches que nos arrodillábamos al lado de mi cama, yo había confiado en que las oraciones de ella fuesen respondidas, no las mías. Incluso había asistido a la escuela dominical el tiempo suficiente para saber que yo iría al infierno cuando muriera, y que nunca volvería a ver a mi mamá ni a mis amigos. Pero finalmente, durante aquel servicio en la iglesia pude comprender la verdadera naturaleza de mi condenación.

No valía de nada luchar contra las lágrimas. Más asustado que avergonzado, pedí a Clyde y Tig que me dejasen pasar mientras yo salía hasta el pasillo. Fui caminando hasta el frente del santuario con toda la rapidez que pude y me arrodillé ante el altar para orar. Cuando comencé a arrepentirme de mi pecado y le pedí a Jesús que entrase a mi corazón, observé que mis amigos me habían seguido y habían formado un círculo alrededor de mí. Cuanto más lloraba yo, más ligero me sentía. El gran peso de mi pecado y mi culpabilidad se había ido. Yo había recibido a Jesús a cambio, y Él era más ligero que un saco de periódicos.

Es mi oración que si usted está cargando con todo el peso de su pecado, haga lo mismo que yo hice: acuda ante su Padre celestial, confiese sus transgresiones y permita que Él le haga libre.

¿ESTÁ USTED ESCUCHANDO?

Una vez que tiene una relación con Jesús, el Espíritu Santo habita en usted (Efesios 1.13–14). Juan 14.26 describe el papel de Él en nosotros: «Mas el Consolador, el Espíritu Santo, a quien el Padre enviará en mi nombre, él os enseñará todas las cosas, y os recordará todo lo que yo os he dicho». Su objetivo es revelar los caminos del Señor: comunicar la voluntad de Dios y capacitarle para lograr todo lo que Él le llame a hacer.

Él le alienta a que comparta con Dios lo que hay en su corazón, pero también a que preste atención a lo que el Padre le esté enseñando.

El Espíritu Santo fortalece la intimidad de usted con el Padre al atraerle continuamente a su presencia; sin embargo, Él no le lleva hasta el trono de la gracia sencillamente para que usted pueda entregarle al Señor una lista de peticiones. Él está ahí para *profundizar* su relación. Eso significa que Él le alienta a que comparta con Dios lo que hay en su corazón, pero también a que preste atención a lo que el Padre le esté enseñando.

Esto nos lleva a nuestro último principio fundamental:

PRINCIPIO FUNDAMENTAL NÚMERO 3

La conversación suprema no se trata solo de que usted le hable a Dios.
Para relacionarse verdaderamente con Él, también debe usted *escucharlo*.

Si desea experimentar la conversación suprema, debe usted ser un oidor activo: alguien que busca a propósito la voluntad del Padre y hace lo que Él dice. Deuteronomio 4.29–31 promete: «Mas si desde allí buscares a Jehová tu Dios, lo hallarás, si lo buscares de todo tu corazón y de toda tu alma. Cuando estuvieres en angustia… te volvieres a Jehová tu Dios, y oyeres su voz; porque Dios misericordioso es Jehová tu Dios; no te dejará».

Pero ¿cómo escuchamos activamente a Dios? Las personas con frecuencia me preguntan cómo pueden orar mejor. He entendido que lo que en realidad preguntan es: *¿Cómo podemos llegar al punto en que conocemos la voz de Dios y tenemos la confianza para seguirlo?*

Quizá sea eso lo que también a usted le gustaría saber. ¿Quiere entender cómo puede realmente conocer a Dios, crecer en su relación con Él y encontrar una mayor satisfacción en su vida? ¿Anhela usted escuchar su voz, experimentar su sabiduría, consuelo, poder, dirección y amor cuando se enfrenta a una prueba o reto difícil? ¿Desea mantener una conversación activa, significativa y permanente con el Señor de toda la creación, una conversación que continuará hasta la eternidad?

Espero que así sea, porque esas son las preguntas que exploraremos en las siguientes páginas. También examinaremos temas similares, como:

- Por qué puede usted confiar en el carácter de Dios cuando habla con Él.
- La importancia de escuchar su voz.
- Las cosas que pueden dificultar que usted lo escuche.
- Cómo le ayuda a orar el Espíritu Santo.
- Cómo ganar sus batallas de rodillas.
- Cómo orar por otros.
- Y la meta suprema de Dios al hablar con usted.

Espero que sea usted bendecido por este libro y profundice más en su relación con el Señor. Con esto en mente, es mi oración:

Padre, estamos muy agradecidos porque tú deseas comunicarte con nosotros. Porque nos has reconciliado contigo mismo por medio de la muerte y la resurrección de tu Hijo Jesucristo. Porque nos has dado el asombroso privilegio de la oración para fortalecer y profundizar nuestra relación contigo. También te doy gracias por tu Espíritu Santo, que habita en cada creyente, enseñándonos a escucharte y capacitándonos para hacer tu voluntad.

Padre, oro específicamente por este lector que desea comu-

nicarse contigo y conocerte mejor. Dios, atrae a esta querida persona a una relación íntima contigo mismo, enseñándola cómo conectarse contigo de maneras más profundas y significativas que nunca. Ayuda a tu hijo o a tu hija a estar abiertos, rendidos y disponibles para cualquier cosa que tú desees hacer. Gracias por revelar tus caminos y darte a conocer a ti mismo a esta preciosa alma.

A ti sean todo honor, gloria, poder y alabanza. Oro en el nombre sin igual de Jesús. Amén.

2

¿CON QUIÉN ESTÁ USTED HABLANDO?

Su percepción de Dios caracterizará
su vida de oración

¿POR QUÉ DIGO QUE LA oración es la conversación suprema? ¿Qué hace que sea tan poderosa e impactante? No es la oración en sí lo que tiene el poder, sino el Dios a quien oramos.

Así que permítame preguntarle: ¿Cómo cree que es Dios? ¿Con qué características lo asocia? ¿Cree que el Padre es lo suficientemente grande, suficientemente poderoso, sabio y amoroso, como para manejar todos los problemas que usted lleva ante Él? ¿Tiene la absoluta certeza de que Él *puede* ayudarle, y que también lo *hará*? La forma en que usted ve a Dios tiene implicaciones inmensas tanto para su vida de oración como para su relación con Él.

Un amigo mío conocía a un hombre que le había dado

la espalda a Dios. Vivía según sus propios deseos y pasiones, con su vida llena de conductas inmorales y adicciones. Finalmente tuvo una enfermedad muy grave. Mi amigo intentó ministrarle, pero el hombre no reconocía que pudiera haber una autoridad mayor que su propia voluntad. Al ver al hombre sin esperanza y con su salud deteriorándose rápidamente, mi amigo le sugirió que orase por sus problemas. El hombre cedió, decidiendo que podría hacerlo como un último recurso. Sin embargo, confesó: «No estoy realmente seguro de quién está al otro lado de la línea cuando oro».

«Bueno, es Dios», respondió mi amigo, esperando que eso lo consolase.

«¡Oh no!» exclamó ese hombre. «No es posible que pueda orar a Dios».

> *No es la oración en sí lo que tiene el poder, sino el Dios a quien oramos.*

«¿De verdad?», le preguntó mi amigo, que quedó desconcertado. «Bueno, entonces ¿a quién crees que orarías?».

«Probablemente estaría hablándome a mí mismo», respondió el hombre cínicamente. Después añadió: «*Eso* no me va a hacer ningún bien. Si supiera cómo hacer para recuperar la salud, ¡no necesitaría hablar conmigo al respecto!».

¡Qué doloroso! Ese hombre había vivido su vida como si él fuera la autoridad suprema y la opinión más importante. Sin embargo, cuando realmente necesitaba ayuda, cuando no podía salvarse a sí mismo, no fue capaz de vencer su perspectiva egocéntrica. Se limitó a sí mismo a sus propios recursos y fallas en vez de confiar en Aquel que es omnisciente, todopoderoso, omnipresente y totalmente amoroso.

Tristemente, podemos ser culpables de lo mismo. Aunque puede que reconozcamos que Dios existe y le alabemos por sus atributos, quizá intentamos resolver las dificultades por nosotros mismos en lugar de llevárselas a Él: el gran Solucionador de problemas. Cuando oramos, ¿tenemos nuestras propias limitaciones en mente? Desde nuestro punto de vista estrecho y terrenal, quizá no veamos salida a nuestra situación, ni solución a nuestro dilema, ni final a nuestro sufrimiento. Por eso, cuando acudimos a Él, ¿lo hacemos abatidos y con dudas, cuestionando su bondad por permitirnos sufrir las pruebas? Si es así, somos como el hombre de la historia: hablando solamente con nosotros mismos sobre circunstancias que no podemos cambiar.

En cambio, cuando nos acercamos a Dios, debemos aceptar totalmente el hecho de que estamos interactuando con el Todopoderoso, nuestro Señor, Creador, Rey, Poderoso Guerrero, Redentor y fiel Sumo Sacerdote. Después de todo, confiar en Dios significa ver más allá de lo que podemos, hacia lo que Dios ve y puede hacer.

El Padre proclama: «He aquí que yo soy Jehová, Dios de toda carne; ¿habrá algo que sea difícil para mí?» (Jeremías 32.27). No, ¡no hay absolutamente *nada* demasiado difícil que Él no pueda vencer! Pero ¿cómo podemos estar usted y yo seguros de ello?

YO SOY EL QUE SOY

La verdad es que podemos saber quién es Dios porque Él nunca cambia. Él ha sido coherente, inmutable y totalmente fiel a lo largo de la historia. Como nos recuerda Hebreos 13.8: «Jesucristo *es* el mismo ayer, y hoy, y por los siglos». Su carácter no difiere en sus tratos con una persona u otra, ni cambia de una era a la siguiente. Él es la norma perfecta e inquebrantable de bondad, santidad, justicia y compasión.

El Padre demostró esto de una manera absolutamente increíble durante su encuentro con Moisés en la zarza ardiente. Él llamó al anciano pastor para liberar a Israel de la esclavitud egipcia, una tarea mucho mayor, inmensamente más complicada y muchísimo más difícil que cualquier otra cosa que Moisés pudiera haber esperado lograr por sí mismo.

Por tanto, el Señor consoló a Moisés revelándole su identidad: «Y dijo: Yo soy el Dios de tu padre, Dios de Abraham, Dios de Isaac y Dios de Jacob» (Éxodo 3.6). Todo lo que Él hizo por Abraham, Isaac y Jacob, también lo haría por Moisés.

Aunque fue una declaración poderosa, aún no era suficiente para Moisés, que se encontraba ante una tarea que haría que cualquiera de nosotros temblase. Liberar a Israel no solo lo enfrentaría a Faraón, sino también a todo el ejército egipcio, y Moisés no tenía ejército alguno que lo ayudara. Tampoco había garantía alguna de que el pueblo de Israel confiara en él lo suficiente como para seguirlo.

Por tanto, Moisés preguntó: «He aquí que llego yo a los hijos de Israel, y les digo: El Dios de vuestros padres me ha enviado a vosotros. Si ellos me preguntaren: ¿Cuál es su nombre?, ¿qué les responderé?» (Éxodo 3.13).

El Señor pacientemente le respondió de una forma inequívoca para Moisés. Le dijo: «YO SOY EL QUE SOY... Y dijo: Así dirás a los hijos de Israel: YO SOY me envió a vosotros» (Éxodo 3.14).

Desgraciadamente, el lenguaje español a veces no puede captar el asombroso poder de la Palabra de Dios. Leemos que el Señor dice: «YO SOY EL QUE SOY», pero el hebreo conlleva un significado más profundo y apropiado. Se puede traducir así: «Yo siempre seré quien siempre he sido», indicando que Dios siempre será quien Él ha sido desde la eternidad.

Por tanto, Dios le estaba diciendo a Moisés que el Creador que hizo los cielos, la tierra, las estrellas, el firmamento y todo lo que existe usaría su insondable poder para ayudarlo a tener éxito.

> *Dios siempre será quien Él ha sido desde la eternidad.*

El Señor viviente que moldeó intrínsecamente a la humanidad del barro de la tierra diseñaría hábilmente una manera para que él triunfara contra Faraón y su ejército.

El Dios que limpió el mundo con un diluvio y aun así salvó a su siervo Noé guardaría la vida de Moisés independientemente de los peligros.

El Cumplidor del pacto, que milagrosamente creó la nación de Israel con la descendencia de un anciano de cien años llamado Abraham, no fracasaría a la hora de liberar a su pueblo de la esclavitud egipcia.

Y el gran Libertador que nunca abandonó a José, sino que lo levantó para que Israel pudiera ser salvo, estaría con Moisés y lograría aún mayores proezas a través de él.

RESPUESTAS A PREGUNTAS ACERCA DEL CARÁCTER DE DIOS

La mejor noticia es que el Dios que ayudó a Moisés y que ha liberado a toda costa a su pueblo a lo largo de la historia está a disposición de usted hoy. Así es como puede estar seguro de su carácter, atributos y amor hacia usted: Él no ha cambiado y nunca lo hará.

Y como sabemos que su naturaleza es eterna y coherente, podemos responder a otras preguntas que surgen cuando pensamos en tener una conversación con Él:

- *¿Realmente puedo confiar en Dios?*
- *¿En verdad el Padre tiene la capacidad de ayudarme?*
- *¿Verdaderamente el Señor está dispuesto a escucharme y acudir en mi ayuda?*

Respondamos, pues, estos asuntos explorando algunas de sus cualidades y viendo quién es el que nos invita a comunicarnos con Él.

¿Realmente puedo confiar en Dios?

Uno de mis pasajes favoritos de la Escritura, Proverbios 3.5, 6, dice: «Fíate de Jehová de todo tu corazón, y no te apoyes en tu propia prudencia. Reconócelo en todos tus caminos, y él enderezará tus veredas». Pero ¿qué hace que Dios se merezca nuestra confianza? ¿Por qué deberíamos usted y yo poner nuestra fe en su carácter?

Usted y yo podemos confiar en el Señor por su firme santidad y su inquebrantable integridad (Números 23.19; Salmo 22.3, 4). Las personas que usted conoce pueden decepcionarle. Quizá no siempre sean honestas o actúen teniendo un interés sincero en usted, pero puede estar seguro

> *El Dios que ayudó a Moisés y que ha liberado de forma activa a su pueblo a lo largo de la historia está a disposición de usted hoy.*

de que el Padre hará infaliblemente lo que es bueno, apropiado y justo por usted porque Él es absolutamente *santo* y siempre hace lo correcto.

Hebreos 6.18 promete lo siguiente: «es imposible que Dios mienta». Cuando el Padre dice que cuida de usted, no es un truco, sino la verdad absoluta. Él nunca le hará desviarse, sino que siempre será honorable y le guiará de la mejor forma posible.

Por tanto, *sí*, puede confiar completamente en el maravilloso carácter del Señor.

¿En verdad tiene el Padre la capacidad de ayudarme?

Claro está, el valor de cualquier promesa no está basado solo en el carácter de la persona que promete la garantía, sino también en su capacidad de cumplirla. Permítame asegurarle que Dios *nunca* ha incumplido su palabra. Salomón proclamó en 1 Reyes 8.56: «Bendito sea Jehová... ninguna palabra de todas sus promesas que expresó por Moisés su siervo, ha faltado». Él es totalmente capaz —sabio, fuerte y amoroso— de suplir sus necesidades sin importar lo difíciles que puedan parecer.

> *Dios es totalmente capaz —sabio, fuerte y amoroso— de suplir sus necesidades, sin importar lo difíciles que puedan parecer.*

Eso se debe a que nuestro Dios es *soberano*; Él es quien gobierna majestuosamente toda la creación. De hecho, Él estableció las leyes de la naturaleza. La materia, el espacio y el tiempo están en su mano y bajo su autoridad. El Salmo 103.19 nos dice: «Jehová estableció en los cielos su trono, y su reino domina sobre todos».

Lo que esto significa para su situación es que el Padre es *omnipotente*: es todopoderoso. Literalmente puede mover el cielo y la tierra para lograr su voluntad para usted, porque Él los puso en su lugar y guía cada uno de sus movimientos (Salmo 104).

También, el Señor es *omnisciente*, lo cual significa que todo lo sabe y es totalmente sabio. Él ve su pasado, su presente y su futuro, y entiende todo acerca de su situación, incluso detalles que quizá usted no pueda discernir. Él identifica exactamente lo que usted necesita y cómo proveerlo, pero también reconoce cuál es la mejor forma de utilizar las dificultades que usted tiene para fortalecerlo y madurar su fe (Romanos 8.28).

Además, Dios es *omnipresente*. Él está al margen del tiempo y en todas partes a la vez, por eso Él siempre está con usted en cada momento, sin importar a dónde vaya (Josué 1.9). Nada en su vida se escapa de su control. Él puede reunir recursos e influir en circunstancias que usted ni siquiera sabe que existen para resolver los problemas que está afrontando, al margen de cuáles sean.

Lucas 1.37 testifica: «porque nada hay imposible para Dios». No importa lo profundas, grandes, agudas, poderosas, complicadas o desbordantes que sean las pruebas que usted está atravesando, porque el Señor sigue siendo más grande y puede conducirle a la victoria en ellas (Josué 16.33). Por tanto, nuevamente la respuesta es *sí*, el Padre realmente es *capaz* de ayudarle.

¿Verdaderamente está dispuesto el Señor a escucharme y acudir en mi ayuda?

Finalmente, aquí está la pregunta que a muchos de nosotros nos cuesta responder. Aunque quizá aceptemos que podemos confiar en Dios y que es capaz de librarnos de nuestros problemas, no estamos tan seguros de que Él esté *dispuesto* a hacerlo. Estas dudas a menudo surgen de sentimientos de incompetencia: dudamos de que verdaderamente seamos dignos de su amor y su presencia.

En primer lugar, entienda que el Señor nos acepta sobre la base de la muerte de Cristo en la cruz, y no por lo que nosotros hayamos hecho o dejado de hacer (Efesios 2.8, 9). Como dije en el capítulo anterior, usted y yo solo podemos tener una relación con el Padre mediante la salvación que Jesús provee. Sin embargo, cuando confiamos en Cristo como nuestro Salvador, siempre podemos acercarnos al trono de gracia (Hebreos 4.14–16). De hecho, Judas 1.24

promete que Jesús «es poderoso para guardarnos sin caída, y presentarnos sin mancha delante de su gloria con gran alegría». Usted no tiene que sentir vergüenza o indignidad ante el Padre, porque Jesús llevó su vergüenza en la cruz. Él es su suficiencia. Por supuesto, debe arrepentirse siempre de sus pecados, pero eso es para que su comunión con Dios permanezca libre de obstáculos, no para poder ganarse su aprobación.

En segundo lugar, entienda que además de ser omnipotente, omnisciente y omnipresente, el Padre también es *omnibenévolo*, que significa que Él es incondicional y perfecto en su amor por usted. El amor del Señor no está basado en lo que usted haga, sino en el carácter indefectible de Él. Primera de Juan 4.8–10 dice: «Dios es amor. En esto se mostró el amor de Dios para con nosotros, en que Dios envió a su Hijo unigénito al mundo, para que vivamos por él. En esto consiste el amor: no en que nosotros hayamos amado a Dios, sino en que él nos amó a nosotros, y envió a su Hijo en propiciación por nuestros pecados».

Esto significa que el Padre es absolutamente bueno y compasivo hacia nosotros porque Él no puede ser de otra manera. Todo lo que Él hace está motivado por su cuidado hacia nosotros, y su máxima motivación es darnos gozo y plenitud.

Así que no hay necesidad de preguntarse si el Señor está *dispuesto* a ayudarle; ¡por supuesto que lo está! Romanos

8.31, 32 declara: «¿Qué, pues, diremos a esto? Si Dios es por nosotros, ¿quién contra nosotros? El que no escatimó ni a su propio Hijo, sino que lo entregó por todos nosotros, ¿cómo no nos dará también con él todas las cosas?».

La verdad es que el Padre celestial algunas veces permite que haya dificultades en su vida para que usted reconozca que lo necesita. Dios no solo está preparado para ayudarle, sino que le llama con interés a echar «toda vuestra ansiedad sobre él, porque él tiene cuidado de vosotros» (1 Pedro 5.7).

> *Dios no solo está preparado para ayudarle, sino que le llama con interés a echar «toda vuestra ansiedad sobre él, porque él tiene cuidado de vosotros» (1 Pedro 5.7).*

¿Por qué es tan importante para mi vida de oración la forma en que veo a Dios?

Ahora bien, quizá se pregunte dónde está la parte práctica de todo esto. ¿Cómo cambia sus situaciones y circunstancias el hecho de confiar en el carácter de Dios? ¿Por qué es tan importante para su vida de oración *cómo* ve usted a Dios?

En primer lugar, la opinión que tenga del Señor influye en su actitud para hablar con Él. Si usted tiene un concepto deficiente del Padre, creyendo que Él no está en realidad involucrado en su vida o que de alguna manera es cruel, entonces no querrá relacionarse con Él. Nadie quiere pasar tiempo con personas que son indiferentes o mezquinas.

Sin embargo, si usted lo ama y respeta como Dios Todopoderoso, entendiendo el gran privilegio que tiene de poder conversar con Él, entonces querrá acercarse a su trono con humildad y confianza. Generalmente nos sentimos motivados a estar cerca de aquellos a quienes valoramos mucho. Queremos aprender de ellos y expresarles nuestro aprecio. Reconocemos que las oportunidades de estar alrededor de ellos son un regalo. Lo mismo es cierto en nuestra relación con Dios.

En segundo lugar, su concepto del Señor afecta a la naturaleza de sus oraciones. ¿Ha examinado alguna vez el contenido de sus conversaciones con el Padre? Lo que usted expresa durante su tiempo a solas con el Señor le dirá mucho sobre lo que realmente piensa de Él. También explicará su entusiasmo o reticencia a entrar en su presencia.

¿Acude delante del Señor para conocerlo y adorarlo? ¿O le dice todas las cosas que le gustaría que Él hiciera? ¿Busca su voluntad porque sabe que sus caminos son los mejores? ¿O pone ante Él sus planes esperando que Él los bendiga? ¿Giran sus oraciones en torno a usted mismo o en torno a Dios?

Si regularmente se enfoca en usted mismo durante su tiempo con el Señor, entonces su atención está en el lugar erróneo. Se está perdiendo una de las mayores bendiciones que puede experimentar el alma: el amor y el poder de estar en la estupenda presencia de Él.

En tercer lugar, su percepción del Padre afecta si verdaderamente espera o no que Él le responda. Hebreos 11.6 es claro: «Pero sin fe es imposible agradar a Dios; porque es necesario que el que se acerca a Dios crea que la hay, y que es galardonador de los que lo buscan». ¿Confía en que el Señor está actuando en su favor? ¿Tiene la seguridad de que Él oye sus peticiones y le está guiando de la mejor forma posible? Si no, puede que sea usted como el hombre de la historia que vimos al comienzo de este capítulo: está hablando con usted mismo.

Pero a la persona que verdaderamente cree que Dios tiene poder, que ora conforme a su voluntad y que camina en una relación íntima con Él, Jesús le dice: «Todo lo que pidiereis orando, creed que lo recibiréis, y os *vendrá*» (Marcos 11.24).

Puesta en práctica: la historia de Nehemías

Ahora vamos a examinar la vida de un hombre que habló con el Señor durante un período de la historia muy oscuro y difícil: Nehemías, el copero del rey Artajerjes I de Persia. Aunque estaba viviendo unas circunstancias terribles, las oraciones de Nehemías muestran claramente su total confianza en el carácter confiable del Padre, y en su capacidad y disposición de ayudarlo. Pero antes de considerar la oración de Nehemías, es importante que primero recordemos lo que estaba ocurriendo en la historia, y cómo este siervo de Dios terminó siendo un ciudadano de Persia. A continuación tiene una gráfica sencilla para ayudarle a seguir la cronología.

Una breve historia

c. 605 a.c.	Invasión babilonia y primera deportación de Jerusalén
c. 597 a.c.	Segunda deportación de judíos a Babilonia
c. 586 a.c.	Tercera deportación y destrucción del Templo y de Jerusalén
c. 539 a.c.	Ciro II de Persia conquista el imperio babilonio
c. 538 a.c.	Ciro decreta que los judíos pueden regresar a Jerusalén
c. 537 a.c.	Los judíos comienzan a regresar a Jerusalén para reconstruir el Templo
c. 515 a.c.	El segundo Templo es terminado
c. 465 a.c.	Artajerjes I asciende al trono de Persia
c. 445 a.c.	Nehemías ora pidiendo la ayuda de Dios para restaurar los muros de Jerusalén

Desde el año 605 a.C. al 586 a.C. los ejércitos del rey Nabucodonosor tomaron cautivo al pueblo judío, deportándolo de Judá y exiliándolo por todas las tierras del imperio babilonio (2 Reyes 24.10–16). Fue un terrible período para el pueblo, separado de sus hogares y de sus seres queridos; les obligaron a ajustarse a una cultura que era muy distinta a la suya.

Sin embargo, tenían razón para tener esperanza. Dios les prometió que su destierro en Babilonia no sería para siempre, sino que volverían de nuevo a la tierra de su heredad. Jeremías escribió:

> Así ha dicho Jehová de los ejércitos, Dios de Israel, a todos los de la cautividad que hice transportar de Jerusalén a Babilonia: Edificad casas, y habitadlas; y plantad huertos, y comed del fruto de ellos… *Cuando en Babilonia se cumplan los setenta años, yo os visitaré, y despertaré sobre vosotros mi buena palabra, para haceros volver a este lugar* [Jerusalén]… Y seré hallado por vosotros, dice Jehová, y haré volver vuestra cautividad, y os reuniré de todas las naciones y de todos los lugares adonde os arrojé, dice Jehová; y os haré volver al lugar de donde os hice llevar (29.4, 5, 10, 14, énfasis añadido).

Tal y como prometió el Señor, cuando estaban a punto de cumplirse setenta años, Él preparó el escenario para enviar al pueblo de Judá de regreso a casa. Este plan incluía que los medo-persas conquistaran el imperio babilonio y se apoderaran de sus tierras, lo cual significó que se convirtieron en los nuevos supervisores de los judíos cautivos.

Entonces ocurrió algo realmente milagroso. Dios hizo que uno de los monarcas persas se apiadase de los judíos y escribiese una proclama que cambiaría la historia. El rey Ciro decretó:

Jehová el Dios de los cielos me ha dado todos los reinos de la tierra, y me ha mandado que le edifique casa en Jerusalén, que está en Judá. Quien haya entre vosotros de su pueblo, sea Dios con él, y suba a Jerusalén que está en Judá, y edifique la casa a Jehová Dios de Israel (él es el Dios) la cual está en Jerusalén (Esdras 1.2, 3).

Finalmente, el pueblo de Judá recibió permiso para regresar a casa (cerca del 537 a.C.). Tristemente, lo que se encontraron a su regreso fue terriblemente descorazonador. Los babilonios habían devastado la región, especialmente la capital, Jerusalén. Los muros habían sido derribados y el templo destruido, y no quedaba nada de la antigua gloria de la ciudad (2 Reyes 25.8–11). Parecía que la tierra de su heredad nunca volvería a ser la misma.

La historia de Nehemías comienza más de noventa años después (cerca del 445 a.C.) en la ciudad de Susa. Este hom-

bre piadoso trabajaba como copero bajo el rey persa Artajerjes I, que reinó desde aproximadamente el año 465 a.C.
hasta el 425 a.C. Artajerjes contaba con Nehemías para asegurarse de que era seguro beber el vino y que no contenía
ningún veneno. Debido a este servicio leal y de confianza,
Nehemías tenía cierta influencia con el rey.

Como judío devoto, Nehemías oyó que su hermano
Anani y algunos otros de Judá habían llegado al palacio
del rey. Por tanto, les buscó para escuchar las noticias sobre el estado en que se encontraba Jerusalén. Tenía motivos
para preocuparse. Tan solo unos años atrás, los enemigos
de Israel convencieron a Artajerjes de que el pueblo se estaba preparando para la rebelión, así que el rey ordenó que
cesara toda reedificación de los muros de Jerusalén (Esdras
4.8–23). Desprotegida, la ciudad estaba continuamente en
peligro.

Pero lo que escuchó Nehemías le partió el alma: la situación era mucho peor de lo que él esperaba. Nehemías in-
forma: «Y me dijeron: El remanente, los que quedaron de la
cautividad, allí en la provincia, están en gran mal y afrenta,
y el muro de Jerusalén derribado, y sus puertas quemadas
a fuego. Cuando oí estas palabras me senté y lloré, e hice
duelo por algunos días, y ayuné y oré delante del Dios de
los cielos» (Nehemías 1.3, 4).

Nehemías estuvo en oración de día y de noche durante
un largo tiempo. Incluso mientras llevaba a cabo sus res-

ponsabilidades en el palacio, estaba conversando continuamente con el Señor.

El Dios a quien él servía

Aunque se encontró con una situación abrumadora, Nehemías oró; y lo primero que deberíamos observar de la oración de Nehemías es lo profundamente que él creía en el Señor, lo cual podemos evaluar al observar cómo se dirigió a Él (Nehemías 1.5–11). Antiguamente, los nombres tenían un significado importante porque revelaban el carácter de la persona.

Nehemías dijo: «Te ruego, *oh Jehová, Dios* de los cielos, *fuerte, grande y temible*, que guarda el pacto y la misericordia a los que le aman y guardan sus mandamientos… Te ruego, *oh Jehová*, esté ahora atento tu oído a la oración de tu siervo, y a la oración de tus siervos, quienes desean reverenciar tu nombre» (Nehemías 1.5, 11, énfasis añadido).

Podemos conocer mucho sobre la naturaleza de Dios examinando los nombres hebreos que Nehemías usó al dirigirse a Él.

1. Nehemías se dirigió a Él como YHWH (v. 5).

¿Alguna vez se ha preguntado lo que significa la palabra «Jehová» cuando la ve escrita en su Biblia? ¿Por qué se usa este nombre en la Escritura? Esta presentación del nombre correcto de Dios indica una palabra específica en el original hebreo que transliteramos como *YHWH*. Como estas cuatro letras no incluyen vocales, no estamos seguros de la pronunciación exacta de su nombre, aunque comúnmente se usan *Yahvé* y *Jehová*.

> *Él es el que Existe, el «YO SOY» que hace que todas las cosas existan.*

Este maravilloso nombre significa que Él es el que Existe, el «YO SOY» que hace que todas las cosas existan, y aparece más de 6.500 veces en el Antiguo Testamento. Así como Moisés supo en la zarza ardiente, Nehemías entendió que Aquel con quien hablaba era el Señor que nunca cambia y que ya existía antes de formar el universo. *YHWH* milagrosamente hizo que la nación de Israel existiera, y Él podía devolverle también la gloria del pasado. El Padre siempre había sido y siempre sería el Dios constante de amor, gracia, misericordia y justicia que puede lograr lo imposible en favor de su pueblo.

2. Nehemías se dirigió a Él como Elohim (v. 5).
Además de Jehová, Nehemías usó la palabra «Dios», que es *Elohim* en hebreo. *Elohim* aparece más de 2.600 veces a lo largo de las Escrituras y procede de una raíz que significa «deidad, fortaleza, poder y fuerza». También puede traducirse como «Creador, Guardador, Alguien que es Poderoso y Fuerte» y «jurar, hacer un pacto o cumplir una promesa».

Por tanto, cuando leemos el nombre *Elohim*, estamos viendo a Aquel que es infinito en poder y absolutamente fiel para cumplir sus promesas para nosotros. Podemos confiar en que Él siempre cumplirá sus planes para nuestras vidas.

Aunque Nehemías se sentía totalmente impotente para mejorar la situación de Jerusalén, sabía que el Señor omnipotente, omnisciente, omnipresente y omnibenévolo sí podía hacerlo. Dios no solo podía restaurar Jerusalén, sino que Nehemías estaba seguro de que Él sería totalmente fiel a los pactos que había hecho con Abraham y David.

3. Nehemías se dirigió a Él como Adonai (v. 11).

El último nombre que usó Nehemías en su oración al Todopoderoso es «Señor», que es *Adonai* en hebreo. Nehemías le reconoció como su Dueño, el Gobernante supremo sobre todas las cosas, cuya autoridad y poder son infinitos (Salmo 103.19). Sin embargo, la palabra *Adonai* también conlleva el significado de que el Propietario es responsable de proveer, proteger y guiar a quienes están bajo su cuidado.

Todos los reinos están en la mano del Señor, y todos los monarcas sujetos a su soberanía. Aunque Nehemías era simplemente un siervo a los ojos de Artajerjes, servía al Dios que gobernaba al gobernante. Como dice Proverbios 21.1: «Como los repartimientos de las aguas, así está el corazón del rey en la mano de Jehová; a todo lo que quiere lo inclina». Al igual que *Adonai* había levantado a los persas para derrotar a los babilonios, así también podía convencer a Artajerjes para que ayudase a Nehemías y proporcionase una manera de reconstruir y fortificar Jerusalén.

4. *Nehemías se dirigió a Él como «fuerte, grande y temible» (v. 5).* Además de los tres nombres que usó Nehemías, también describió a Dios con tres adjetivos que tienen mucho significado: «fuerte», «grande» y «temible».

Aunque Nehemías era simplemente un siervo a los ojos de Artajerjes, servía al Dios que gobernaba al gobernante.

La palabra «grande» en hebreo es *gadowl* y enfatiza el superlativo significado de Dios y su inmensurable valor. No hay absolutamente nada superior a nuestro Señor viviente; Él tiene la sabiduría y la capacidad de hacer todo lo que desee. Y debido a su increíble amor por nosotros, sabemos que Él siempre quiere lo mejor para nosotros.

Isaías nos dice: «Ninguna faltará [de su vasto ejército de estrellas]; tal es la grandeza de su fuerza, y el poder de su dominio» (Isaías 40.26). Solamente esto debería hacernos alabar y magnificar su nombre. De igual forma, el rey David escribió:

> *Grande es Jehová, y digno de suprema alabanza;*
> *Y su grandeza es inescrutable.*
> *Generación a generación celebrará tus obras,*

Y anunciará tus poderosos hechos.
En la hermosura de la gloria de tu magnificencia,
Y en tus hechos maravillosos meditaré.
Del poder de tus hechos estupendos hablarán los
  hombres,
Y yo publicaré tu grandeza.
Proclamarán la memoria de tu inmensa bondad,
Y cantarán tu justicia (Salmo 145.3–7).

Entender la grandeza del Señor debería ayudarnos a reconocer nuestra verdadera posición ante Él como hizo Nehemías.

Esto nos lleva al siguiente adjetivo, «temible», que se deriva del término hebreo *yare*. Las personas a veces usan este término para describir cosas que son de gran tamaño o especialmente asombrosas; pero el significado hebreo es más profundo y más significativo. El verbo *yare* significa «temer». De hecho, en lugar de «temible», algunas traducciones usan la palabra «terrible» o «aterrador» para expresar lo mucho que merece el Dios Santo nuestra más profunda reverencia y respeto.

Eso no significa que usted y yo debamos tener miedo del Señor. Como creyentes, no tenemos razón alguna para tener miedo de nuestro amoroso Padre celestial (1 Tesalonicenses 5.9). De hecho, 1 Juan 4.18 nos exhorta: «En el amor no hay temor, sino que el perfecto amor echa fuera el temor; porque el temor lleva en sí castigo. De donde el que teme, no ha sido perfeccionado en el amor».

En cambio, el asombroso carácter de Dios debería inspirarnos a tomar muy en serio todo lo que Él dice. A fin de cuentas, Él es santo, justo y recto: el Único digno de nuestro mayor respeto, alabanza y adoración.

Un humilde avance

Nehemías entendía profundamente la grandeza y santidad del Señor; así que cuando oró, no se tomó a la ligera estar en la presencia de Dios. Al fin y al cabo, Nehemías se estaba dirigiendo al único Dios verdadero:

- *YHWH:* el Dador de vida que existe eternamente
- *Elohim:* el Cumplidor de pactos poderoso y fiel
- *Adonai:* el Señor soberano y Proveedor de todo lo que existe
- *El Dios grande y temible:* El que está por encima de todo, es absolutamente santo y digno de nuestra reverencia

Es muy probable que Salomón tuviera una comprensión parecida del Señor cuando escribió: «Cuando fueres a la casa de Dios, guarda tu pie; y acércate más para oír que para ofrecer el sacrificio de los necios; porque no saben que hacen mal. No te des prisa con tu boca, ni tu corazón se apresure a proferir palabra delante de Dios; porque Dios está en el cielo, y tú sobre la tierra; por tanto, sean pocas tus palabras» (Eclesiastés 5.1, 2).

Con todo su gran conocimiento, Salomón entendió que el Señor era aun mucho más sabio de lo que él nunca podría llegar a ser. Debemos recibir y obedecer el consejo del cielo con el más profundo respeto.

Debemos recibir y obedecer el consejo del cielo con el más profundo respeto.

Así, cuando llegamos a la conversación de Nehemías con Dios, sabemos que él estaba buscando la guía del Señor de forma sincera, seria y humilde. Oró así:

«Y dije: Te ruego, oh Jehová, Dios de los cielos, fuerte, grande y temible, que guarda el pacto y la misericordia a los que lo aman y guardan sus mandamientos; esté ahora atento tu oído y abiertos tus ojos para oír la oración de tu siervo, que hago ahora delante de ti día y noche, por los hijos de Israel tus siervos; y confieso los pecados de los hijos de Israel que hemos cometido contra ti; sí, yo y la casa de mi padre hemos pecado. En extremo nos hemos corrompido contra ti, y no hemos guardado los mandamientos, estatutos y preceptos que diste a Moisés tu siervo. Acuérdate ahora de la palabra que diste a Moisés tu siervo, diciendo: Si vosotros pecareis, yo os dispersaré por los pueblos; pero si os volviereis a mí, y guardareis mis mandamientos, y los pusiereis por obra, aunque vuestra dispersión fuere hasta el extremo de los cielos, de allí os recogeré, y os traeré al lugar que escogí para hacer habitar allí mi nombre. Ellos, pues, son tus siervos y tu pueblo, los cuales redimiste con tu gran poder, y con tu mano poderosa. Te ruego, oh Jehová, esté ahora atento tu oído a la oración de tu siervo, y a la oración de tus siervos, quienes desean reverenciar tu nombre; concede ahora buen éxito a tu siervo, y dale gracia delante de aquel varón» (Nehemías 1.5–11).

> *Nuestro enfoque debe mantenerse siempre en nuestro Dios incomparable, quien puede triunfar sobre cualquier problema que le presentemos.*

Quizá usted haya observado que la atención de Nehemías estaba en el Señor y se relacionaba correctamente con Él, en lugar del problema que lo llevó a orar: las murallas derribadas y las puertas quemadas de Jerusalén. Esto se debe a que es peligroso para nosotros dejar que nuestras dificultades permanezcan en la primera línea de nuestro pensamiento. En cambio, nuestro enfoque debe mantenerse siempre en nuestro

Dios incomparable, quien puede triunfar sobre cualquier problema que le presentemos.

Por tanto, conociendo la visión exaltada que Nehemías tenía del Señor, observemos la progresión de su piadosa oración.

En primer lugar, Nehemías alabó a Dios (v. 5).
Esto es comprensible, pero también muy importante e instructivo. Nehemías comienza con una visión precisa de quién es el Señor y lo que Él es capaz de hacer. Creía totalmente que Dios *podía* y *quería* guardar el pacto que había hecho con su pueblo y salvarles de su angustia. Debemos acercarnos al Padre con esa misma actitud. Debemos saber quién es Él y expresar nuestra confianza en su incomparable carácter y capacidad.

En segundo lugar, Nehemías mostró fe en que el Señor respondería a su oración (v. 6).
Sin importar lo imposible que pareciera la situación o lo inútil que él se sintiera para resolver el problema, Nehemías entendió el poder de clamar al Padre. No sabía cómo o cuándo respondería Dios, pero confió en que lo haría. ¿Nos acercamos al Señor con la misma confianza y expectativa?

En tercer lugar, Nehemías confesó sus pecavv. 6–8).

Nehemías entendió que el pueblo de Judá estaba en esa situación como consecuencia de su pecado. No culpó a Dios por abandonarles ni cuestionó la bondad del Señor, sino que Nehemías reconoció el error del pueblo al desobedecerlo, identificando así el problema que estaba obstaculizando su progreso. Haríamos bien en hacer lo mismo, porque si queremos ver el poder de Dios, primero debemos intentar ser puros de corazón (Salmo 66.16–18).

En cuarto lugar, Nehemías recordó las promesas de Dios (vv. 9–10).
Nehemías recordó la promesa del Señor en Deuteronomio 30.2, 3: «y te convirtieres a Jehová tu Dios, y obedecieres a su voz conforme a todo lo que yo te mando hoy… entonces Jehová hará volver a tus cautivos, y tendrá misericordia de ti, y volverá a recogerte de entre todos los pueblos adonde te hubiere esparcido Jehová tu Dios». Sin lugar a dudas, eso le dio a Nehemías un gran consuelo en su momento de necesidad. Debido a que el Padre siempre es fiel en cumplir su palabra, podemos estar siempre seguros de que Él honrará también las promesas que nos hizo.

En quinto lugar, Nehemías expresó su disposición a ser usado para los propósitos de Dios (v. 11).
Este hombre piadoso entendió que estaba en una posición excepcional para ayudar al pueblo de Judá por su cercanía al

rey Artajerjes. Sin embargo, también se dio cuenta de que si no agradaba a Artajerjes cuando se dirigiera a él con respecto a revertir su propio decreto (Esdras 4.17–23), el rey podía haberle ejecutado. Por supuesto, él obedecería la voluntad del Señor a pesar de los riesgos porque verdaderamente creía que Dios tenía el control. Así oró: «Concede ahora buen éxito a tu siervo, y dale gracia delante de aquel varón» (Nehemías 1.11). De igual modo, el Padre puede llamarnos a hacer cosas que parezcan difíciles o absurdas, pero aun así quiere que obedezcamos. ¿Verdaderamente creemos que Él es capaz de ayudarnos?

> *Dios puede llamarnos a hacer cosas que parezcan difíciles o absurdas, pero aun así quiere que obedezcamos.*

EL VERDADERO PROPÓSITO

En este punto, la tentación es ponernos a hablar de todas las cosas milagrosas que Dios hizo por medio de Nehemías, y lo haremos en el siguiente capítulo. Sin embargo, eso enfocaría nuestra atención en lo que el Señor *hizo* en lugar de enfocarnos en lo que *Él es*. La forma en que Él responde a nuestras oraciones es importante, claro está, y hablaremos de eso; pero la forma en que usted y yo nos relacionamos con Él es aún más importante.

Entienda que *su intimidad con Dios, que es la primera priori-*

dad de Él para su vida, determina el impacto de su vida. Si usted no tiene un concepto adecuado de quién es Él, se encontrará dudando y flaqueando en los momentos más cruciales de su vida. Eso se debe a que usted responde a Dios de manera proporcional a lo que verdaderamente cree acerca de Él.

Por tanto, piense en esto: si usted hubiera estado en el lugar de Nehemías, ¿cómo habría orado? ¿Habría confiado en el carácter del Padre y en su disposición a actuar en favor de usted? ¿Lo habría llamado *YHWH, Elohim* o *Adonai* con toda fe y confianza?

Hay muchos otros nombres de Dios a lo largo de las Escrituras; quizá los reconozca. La siguiente lista enumera solo algunos, pero piense en cada uno de ellos y rodee con un círculo los más importantes para usted:

- Dios Todopoderoso (Génesis 17.1–2, *El Shaddai*)
- Fiel y Verdadero (Apocalipsis 19.11)
- Padre de huérfanos (Salmo 68.5)
- Rey de gloria (Salmo 24.8)
- Rey de reyes y Señor de señores (1 Timoteo 6.15–16)
- Nuestro gran Sumo Sacerdote (Hebreos 4.14–16)
- Salvador del mundo (1 Juan 4.14–15)

- El Dios eterno (Isaías 40.28–31, *El Olam*)
- El Dios que me ve (Génesis 16.13, *El Roi*)
- El gran Médico (Marcos 2.17)
- El Señor nuestra bandera (Éxodo 17.8–15, *Jehová-nisi*)
- El Señor nuestro gran Proveedor (Génesis 22.9–14, *Jehová-jiré*)
- El Señor nuestro Sanador (Éxodo 15.26, *Jehová Rafá*)
- El Señor nuestro Libertador (Salmo 70.4–5)
- El Señor nuestra Paz (Jueces 6.11–24, *Jehová Shalom*)
- El Señor nuestro Redentor (Isaías 48.17, *Haggo'el*)
- El Señor nuestro Refugio y Fortaleza (Salmo 91.2–4)
- El Señor nuestra Justicia (Jeremías 23.5–6, *Jehová Tsidkenú*)
- El Señor nuestra Roca (2 Samuel 22.47, *Jehová Tsuri*)
- El Señor nuestro Santificador (Éxodo 31.13, *Jehová Mekaddishkem*)
- El Señor nuestro Pastor (Salmo 23, *Jehová Rohi*)
- Admirable Consejero (Isaías 9.6).

Algunos de estos nombres quizá signifiquen mucho para usted; hay otros que quizá desearía entender mejor. Puede que no entienda del todo cómo el Señor puede ser su refugio y fortaleza en tiempos de dificultad, pero anhela sentirse seguro en su cuidado. O quizá quiere ser libre de algún pecado en su vida, y desea conocerlo como su Libertador. Todos tenemos áreas en nuestras vidas en las que debemos crecer en nuestro entendimiento de quién es Él.

> *Todos tenemos áreas en nuestras vidas en las que debemos crecer en nuestro entendimiento de quién es Él.*

Por ejemplo, hubo un período en mi vida en que verdaderamente me costaba conocer con más profundidad al Padre. Aunque la iglesia estaba creciendo bien y todo lo demás se veía fantástico, yo batallaba internamente. No podía identificar cuál era el impedimento, a pesar de lo mucho que buscase al Señor o que orase. Por tanto, llamé a mis cuatro mejores amigos que eran todos hombres muy piadosos, y les dije: «Dios está intentando enseñarme algo, pero no sé lo que es y necesito su ayuda para descubrirlo. Esto es lo que quiero hacer: les diré todo lo que sé sobre mí mismo: lo bueno, lo malo y lo regular. Después me gustaría que ustedes cuatro meditaran sobre lo que debería hacer. Lo que ustedes cuatro acuerden decirme, lo haré. Sé que todos están escuchando a Dios».

Comenzamos a las dos de la tarde y hablamos hasta las diez de la noche ese primer día. Cuando ellos estaban durmiendo, escribí diecisiete páginas de cosas que no quería olvidar decirles.

Al día siguiente, volvimos a hablar durante varias horas. Finalmente, uno de ellos dijo: «Charles, pon tu cabeza en la mesa y cierra tus ojos». Así lo hice.

Con mucha tranquilidad me preguntó: «Imagina que tu padre te carga en sus brazos y te sostiene. ¿Qué sientes?». Él sabía que mi padre había muerto cuando yo era un bebé de nueve meses, y que su pérdida había tenido un gran efecto en mi vida.

Inmediatamente comencé a llorar, y seguí llorando un buen rato. Pero seguía sin entender lo que me estaba causando tal emoción. Él me volvió a preguntar: «¿Qué sientes, Charles?».

Pasó un largo rato hasta que pude responderle: los sentimientos eran apabullantes. Pero finalmente respondí: «Me sentí abrazado, como si estuviera abrigado y seguro. Me sentí… amado». Me di cuenta de que, hasta ese día, nunca había experimentado realmente el amor de Dios. Les había hablado a otros acerca de su amor, pero nunca lo había sentido verdaderamente en mí.

Ese día cambió mi vida. Ese tiempo con mis cuatro amigos transformó mi ministerio y todo lo que sentía acerca de la vida cristiana porque, de repente, el amor del Padre fue real para mí y extremadamente poderoso.

Le reto a hacer lo mismo: incline su cabeza e imagine que el Padre le está sosteniendo. Quizá se sorprenda por las emociones que siente. Quizá, como me pasó a mí, finalmente experimente su gran amor por usted. Es posible que sienta que se retuerce en sus brazos y que se aparta de Él porque en algún lugar de su corazón aún no confía en Él. Quizá sienta un gran sentimiento de condena debido a algún pecado que aún no ha confesado. Quizá incluso se dé cuenta de que ha estado huyendo de Él toda su vida, cuando lo que ha querido realmente es sentirse seguro en los brazos de su Padre celestial.

Sea cual sea el caso, permanezca tranquilo y permita que Dios trate cualquier emoción o asunto que surja. No tema. Él le enseñará qué hacer.

El Padre puede quitar cualquier estorbo que le esté impidiendo conocerlo, y puede llevarle a una relación más profunda e íntima con Él de la que hasta ahora ha tenido. Confíe en Él.

Como dije al comienzo de este capítulo, lo que hace que la oración sea la conversación suprema no es necesariamente el asunto o las circunstancias que rodean el diálogo, sino con quién está usted hablando. Es de suma importancia que usted resuelva en su corazón quién cree realmente que es Dios.

Ahora, voy a pedirle que sea totalmente sincero y responda a las siguientes preguntas. Esto es algo entre usted y el Padre, así que pídale que examine su corazón y le revele la verdad sobre lo que usted realmente piensa. Recuerde: no hay respuestas erróneas, tan solo una relación con Él que crece continuamente.

Pregúntese:

- ¿Confío verdaderamente en Dios?
- ¿Confío realmente en que el Señor tiene la capacidad de ayudarme?
- ¿Estoy convencido de que el Padre está genuinamente dispuesto a escucharme y acudir en mi ayuda?

Espero que sí; pero si su respuesta es «no» a alguna de estas preguntas, oro para que Dios haga una obra poderosa en su vida y le muestre, sin ninguna sombra de duda, que puede usted poner toda su esperanza en Él; porque Él no solo es digno de su confianza, sino que le ama incondicionalmente y quiere que experimente lo mejor de la vida.

Permítale revelarse a usted.

Padre, qué agradecidos estamos por tu misericordia al permitirnos conocerte personalmente y orar a ti. Sabemos que tenemos un privilegio maravilloso al poder mantener la conversación suprema contigo, por eso te honramos como el gran YO SOY, YHWH, Elohim y Adonai. Te alabamos, Señor soberano del cielo y la tierra, el Dios grande y temible que guardas infaliblemente todas tus promesas a los que te aman y obedecen.

Padre, te damos gracias por escuchar las oraciones de tus siervos hoy. Señor, si hay algún pecado no confesado en nuestra vida, por favor tráelo a nuestra mente para que podamos arrepentirnos de inmediato. Queremos ser fieles y glorificarte con nuestra vida. Estamos muy agradecidos porque el incomparable nombre de Jesús nos limpia de toda maldad.

Padre, hoy recordamos la promesa que nos hiciste mediante el profeta Jeremías: «y me buscaréis y me hallaréis, porque me buscaréis de todo vuestro corazón» (29.11). Oro para que cuando este lector busque conocerte mejor, tú quites todos los estorbos que haya en la vida de esta amada persona. Que esta persona entienda realmente quién eres tú y que disfrute plenamente del tiempo en tu presencia.

Señor, que tu oído esté atento a la oración de tu siervo y de todos aquellos que se deleitan en reverenciar tu nombre. Que te honremos y glorifiquemos hoy y cada día.

En el santo y maravilloso nombre de Jesús te lo pido. Amén.

3

EL DIOS QUE RESPONDE

Él es fiel para mostrarle su voluntad

DIOS SE INTERESA LO BASTANTE por usted y por mí como para revelarse a nosotros. De hecho, el Padre creó a la humanidad a su imagen con el propósito concreto de tener comunión y relacionarse con nosotros íntimamente. Desde el principio de la creación vemos al Señor hablando a quienes creó (Génesis 1; Juan 1.1). Su primera interacción con Adán en el huerto de Edén fue para bendecirle, dar propósito al hombre e iniciar una relación con él; y el Salmo 14.2 nos dice que desde entonces, «Jehová miró desde los cielos sobre los hijos de los hombres, para ver si había algún entendido, que buscara a Dios».

En el capítulo anterior hablamos de lo importante que es que tengamos una perspectiva correcta del Padre y *esperemos* que Él nos responda. Pero usted y yo no podemos tener una relación con alguien que no se comunica con nosotros de una manera que podamos entender. Ahora bien, algunas personas que estén leyendo esto podrían dudar de que todavía Dios realmente hable a alguien. Experimentan pruebas y dificultades y se preguntan: «Señor, ¿dónde estás tú en medio de todo esto?». Nunca han escuchado su voz y se preguntan si alguna vez lo harán.

Pero puedo asegurarle que el Señor sigue hablándonos a usted y a mí en la actualidad. Él es un comunicador asombroso que siempre nos lleva a conversaciones con Él (Juan 6.44; 12.32). Podemos estar seguros de que Dios quiere mantener una conversación con nosotros y que Él empieza a hablar con nosotros mucho antes de que le pidamos algo.

Sin embargo, déjeme aclarar bien esto: el Señor normalmente no se dirige a nosotros de una forma tan radical como lo hizo con Moisés, al hablarle desde una zarza ardiente (Éxodo 3), aunque puede que nos gustase que así fuera. Ni tampoco su gloriosa presencia será siempre tan poderosa que nos postraremos, como le pasó al pueblo de Israel, a Ezequiel y a Saúl (Levítico 9.23–24; Ezequiel 3.22–23; Hechos 9.1–9). A veces, la voz de Dios llega a nosotros como un calmado susurro (1 Reyes 19.11–13) o como una convicción interna del Espíritu Santo (Lucas 2.27–28).

Cómo se comunique el Padre no es tan importante como el hecho de que, sin lugar a dudas, Él quiere conectarse con usted. Si usted camina con Él diariamente y le obedece, *verá* la intervención sobrenatural de Él en su vida y oirá su dulce voz instruyendo su corazón. Se lo garantizo.

DE REGRESO A NEHEMÍAS

Como ejemplo de esto, veamos cómo respondió el Señor a Nehemías. Cuando hablamos la última vez de Nehemías, él estaba enfrentando un problema terrible.

Los enemigos de Israel, Rehum y Simsai, habían convencido al rey persa Artajerjes para que detuviera la reconstrucción de los muros de Jerusalén (Esdras 4.8–23). Le dijeron:

> Sea notorio al rey, que los judíos que subieron de ti a nosotros vinieron a Jerusalén; y edifican la ciudad rebelde y mala, y levantan los muros y reparan los fundamentos. Ahora sea notorio al rey, que si aquella ciudad fuere reedificada, y los muros fueren levantados, no pagarán tributo, impuesto y rentas... Hallarás en el libro de las memorias, y sabrás que esta ciudad es ciudad rebelde, y perjudicial a los reyes y a las provincias, y que de tiempo antiguo forman en medio de ella rebeliones (Esdras 4.12–13, 15).

Pensando que los judíos planeaban rebelarse contra Persia, Artajerjes decretó: «Por lo tanto, emitan órdenes para que esos hombres dejen de *trabajar*. Queda prohibido reconstruir esa ciudad, a menos que yo lo ordene expresamente» (Esdras 4:21 NTV). Debido a esto, los habitantes de Jerusalén permanecían desprotegidos y en continuo peligro.

Entonces Nehemías se enteró de la situación de la ciudad: las puertas habían sido quemadas y la parte de la muralla que había sido reconstruida había vuelto a ser derribada. Los judíos allí eran constantemente oprimidos y maltratados.

Como copero del rey, Nehemías sabía que estaba en una posición única para ayudar a su pueblo debido a su proximidad con Artajerjes. Sin embargo, también entendía que podía ser ejecutado si el rey percibía su petición de volver a retomar la construcción de los muros de Jerusalén como una traición o rebeldía.

Sin embargo, independientemente de las consecuencias, Nehemías se sometió al Señor en oración, reconociéndolo como *YHWH, Elohim, Adonai* y el Dios grande y temible. Estaba dispuesto a obedecer cualquier cosa que el Padre le pidiese hacer.

LA RESPUESTA DE DIOS A LA ORACIÓN DE NEHEMÍAS

Uno pudiera pensar que después de su reverente, osadamente obediente y hermosa oración (Nehemías 1.5–11), el Señor le respondió a Nehemías de inmediato y con gran fanfarria. Estoy seguro de que Nehemías hubiera preferido una respuesta rápida e inequívocamente sobrenatural. Sin embargo, al igual que usted y yo, a veces debemos esperar las respuestas de Dios, lo mismo le sucedió a este copero piadoso.

Nehemías 1.1 nos dice que él comenzó a orar por Jerusalén en el mes judío de *Chislev*, aproximadamente durante nuestros meses de noviembre y diciembre. Pero en Nehemías 2.1 encontramos que el Señor no le dio a Nehemías una oportunidad de dirigirse al rey hasta *Nisán*, que es el equivalente a nuestros marzo y abril. Esto significa que pasaron aproximadamente tres o cuatro *meses* hasta que Nehemías comenzó a ver el movimiento del Padre con respecto a sus peticiones.

¿Significa esto que Dios estuvo completamente en silencio durante ese período? Por supuesto que no. El Señor estaba preparando activamente a Nehemías para la tarea que tenía por delante, independientemente de si él se daba cuenta o no. De hecho, fue el Padre quien dio a Nehemías la carga por el pueblo de Jerusalén desde un principio, incluso antes de que comenzara a orar.

Dios tiene su propio itinerario y trabaja a favor de los que esperan en Él.

Por eso usted y yo nunca deberíamos desanimarnos ni comenzar a actuar por nuestra propia cuenta cuando parezca que el Señor se demora en respondernos con respecto a algunas peticiones. Como vemos en la historia de Nehemías, Dios tiene su propio horario y trabaja a favor de los que esperan en Él (Isaías 64.4). Cuando los planes de Él comenzaron a ser revelados, fue impresionante ver de qué forma tan poderosa proveyó para Nehemías y para las necesidades de Jerusalén.

1. Favor con el rey Artajerjes

En primer lugar, Dios abrió los ojos de Artajerjes para ver que algo le ocurría a su copero. Nehemías nos cuenta: «Me dijo el rey: ¿Por qué está triste tu rostro pues no estás enfermo? No es esto sino quebranto de corazón. Entonces temí en gran manera» (Nehemías 2.2). Nehemías no quería mostrar su dolor. De hecho, como servidor, se le requería mostrar siempre alegría ante el rey. Sin embargo, Artajerjes notó que algo no estaba bien, y de repente Nehemías tuvo una puerta abierta de oportunidad para dar a conocer su caso. Ese era el momento. Eso era lo que le había pedido al Señor que le diera.

Entonces Nehemías respondió con valentía: «Para siempre viva el rey. ¿Cómo no estará triste mi rostro, cuando la ciudad, casa de los sepulcros de mis padres, está desierta, y sus puertas consumidas por el fuego?» (Nehemías 2.3). Fue una frase valiente, pero intrigó a Artajerjes y él preguntó a Nehemías qué necesitaba para solucionar el problema.

No es probable que muchos reyes en la historia hayan

preguntado a su copero: «¿Qué puedo hacer para ayudarte?». Sin embargo, no hay límite a lo que el Padre puede hacer para ayudar a su amado pueblo. Por tanto, en el versículo 4 Nehemías nos dice: «Entonces oré al Dios de los cielos». Debe de haber sido una de las peticiones espontáneas más cortas de la historia, pero fue inmensamente importante. Como puede ver, Nehemías estaba invitando a *Elohim* a su interacción con el rey, sin duda alguna pidiéndole al Señor de señores que guiara la conversación y le diera éxito.

Al final del encuentro, Nehemías pudo decir: «Y me lo concedió el rey, según la benéfica mano de mi Dios sobre mí» (Nehemías 2.8). Artajerjes le dio permiso para irse, una escolta militar y las cartas que necesitaba para viajar seguro y para la madera. Pero lo mejor de todo es que el rey canceló su decreto y permitió que el pueblo retomara la reconstrucción de los muros de Jerusalén.

Nehemías estaba invitando a Elohim a su interacción con el rey, sin duda alguna pidiéndole al Señor de señores que guiara la conversación y le diera éxito.

2. Autoridad en Jerusalén

El segundo reto que afrontó Nehemías fue que él era extranjero en Jerusalén y no tenía razón para ser aceptado como un líder allí. Además, tampoco era ingeniero, experto en construcción, ni tan siquiera jefe militar; era simplemente el copero del rey persa. ¿Qué derecho tenía él a pedirle al pueblo que lo siguiera? Nadie había sido capaz de reconstruir del todo los muros en los 140 años desde que los babilonios los destruyeron. ¿Realmente pensaba Nehemías que podía motivar a los judíos para levantarse contra toda oposición y tener éxito en esa enorme tarea?

Nehemías entendió su precaria posición de camino a Jerusalén. Escribió: «y no declaré a hombre alguno lo que Dios había puesto en mi corazón que hiciese en Jerusalén» (Nehemías 2.12). Lo que hizo fue evaluar calladamente la situación, confiar en que el Padre le daría el plan correcto y las palabras adecuadas en el momento apropiado. Y eso es exactamente lo que ocurrió.

Nehemías les dijo a los sacerdotes, nobles y oficiales de Jerusalén: «Vosotros veis el mal en que estamos, que Jerusalén está desierta, y sus puertas consumidas por el fuego; venid, y edifiquemos el muro de Jerusalén, y no estemos más en oprobio» (Nehemías 2.17). También testificó sobre lo que Dios ya había hecho mediante Artajerjes para proveer materiales para la construcción de la ciudad.

No fue lo ingenioso del mensaje de Nehemías, sino el Espíritu del Señor viviente en él lo que le dio poder.

No fue lo ingenioso del mensaje de Nehemías, sino el Espíritu del Señor viviente en él lo que le dio poder. Nehemías no tuvo que dar un discurso elaborado ni una charla motivacional. No tuvo que hacer campaña ni convencer a nadie para que lo dejase dirigir. No, Nehemías simplemente le dijo al pueblo de Jerusalén lo que el Padre les estaba llamando a lograr, y ellos inmediatamente respondieron a la invitación de Dios.

«Levantémonos y edifiquemos» (Nehemías 2.18),ron ellos, y comenzó la reconstrucción. Solamente el Padre podía haber movido sus corazones para llegar a tal acuerdo, incluso entusiasmo, por un esfuerzo de unas proporciones tan enormes que había fracasado muchas veces en el pasado.

3. Protección de los ataques

Aunque Nehemías tuvo un apoyo sobrecogedor de la comunidad judía en Jerusalén, desde el comienzo de su permanencia allí sufrió oposición por parte de enemigos que preferían una Israel vulnerable y no fortificada (Nehemías 2.10).

Sanbalat, el gobernador de Samaria, criticó los esfuerzos diciendo: «¿Qué hacen estos débiles judíos? ¿Se les permitirá volver a ofrecer sus sacrificios?... ¿Resucitarán de los montones del polvo las piedras que fueron quemadas?» (Nehemías 4.2). No cabe duda de que los edificadores se hacían a sí mismos esas mismas preguntas. Después de todo, los judíos eran un pueblo pobre y oprimido cuyos esfuerzos anteriores habían sido detenidos por ataques del exterior. Y Sanbalat tenía razón: en ciertos lugares las piedras para la reconstrucción estaban desmenuzadas y quemadas.

Otros se unieron también para ridiculizarles, como Tobías que era un gobernante en Amón. Él dijo: «Lo que ellos edifican del muro de piedra, si subiere una zorra lo derribará». En otras palabras, su trabajo era tan endeble que incluso un pequeño animal podría derribarlo apenas sin esfuerzo.

Sus palabras desanimaron a los trabajadores, como ocurre a menudo cuando alguien es ridiculizado. Afortunadamente, Dios respondió las oraciones de Nehemías y fortaleció a los judíos, y «el pueblo trabajó con entusiasmo» (Nehemías 4:6 NVI).

Desgraciadamente, eso no disuadió a sus enemigos. Al ver que su burla no era suficiente para hacer que el pueblo dejara de edificar, Sanbalat, Tobías y otros «conspiraron todos a una para venir a atacar a Jerusalén *y* hacerle daño» (Nehemías 4.8). La presión aumentó, así como los avisos de conspiraciones para destruir el muro recientemente construido. Los judíos progresivamente se fueron debilitando más y su temor fue en aumento.

¿Ha estado usted alguna vez en una situación similar? Sus dificultades comienzan con la crítica de otros, y cuando menos lo espera, sus oponentes llegan hasta una intimidación muy real y penetrante, amenazando a las personas y las cosas que usted más ama. La ansiedad que provoca puede ser tan paralizante que usted, de hecho, se plantea retirarse.

Desde una perspectiva humana, era entendible que los judíos tuvieran miedo con respecto a sus casas y familias. Sin embargo, Nehemías entendió que aquellos enemigos no tenían poder alguno para deshacer los planes del Dios viviente. Como había hecho previamente, acudió de nuevo al Padre en oración y animó al pueblo: «No temáis delante de ellos; acordaos del Señor, grande y temible... nuestro Dios peleará por nosotros» (Nehemías 4.14, 20).

Vimos en el último capítulo que las palabras «grande» y «temible» significan que no hay absolutamente nada superior a Dios, que Él tiene la sabiduría y la capacidad de hacer todo lo que le plazca. Por eso Nehemías le recordaba al pueblo que solo debían temer a Uno: el Único digno de su reverencia, respeto y obediencia. Él era quien les defendería sin falla alguna. Como el rey David declaró una vez: «En Dios he confiado; no temeré. ¿Qué puede hacerme el hombre?» (Salmo 56.4).

De nuevo, el Señor les respondió honrando su fe y mostrando a los judíos cómo protegerse de los ataques. Nehemías declaró: «Nuestros enemigos se dieron cuenta de que conocíamos sus

> *Hay solo Uno al que deberíamos temer: solo Uno digno de nuestra reverencia, respeto y obediencia. Él es quien nos defenderá sin falla alguna.*

intenciones y de que Dios había frustrado sus planes» (Nehemías 4.15 NVI).

4. Guía hacia la victoria

Aunque surgieron otras crisis durante el camino, el Padre siguió siendo el escudo y defensa de Jerusalén; y para sorpresa de sus enemigos, los judíos reconstruyeron los muros en tan solo *cincuenta y dos días* (Nehemías 6.15). Fue un milagro. Las fortificaciones que habían permanecido en ruinas durante 140 años se reconstruyeron exitosamente *en menos de dos meses*: una victoria que no habría sido posible si el Señor no hubiera respondido de manera activa a dicha situación.

> *Las fortificaciones que habían permanecido en ruinas durante 140 años se reconstruyeron exitosamente en menos de dos meses: una victoria que no habría sido posible sin el Señor.*

De hecho, incluso los adversarios de Israel reconocieron que Dios había logrado esa gran tarea por ellos. Nehemías escribió: «Y cuando lo oyeron todos nuestros enemigos, temieron todas las naciones que estaban alrededor de nosotros, y se sintieron humillados, y conocieron que por nuestro Dios había sido hecha esta obra» (Nehemías 6.16).

Y debido a que Nehemías oyó al Padre y respondió fielmente a su llamado, más personas comenzaron a escucharlo a Él, y un avivamiento espiritual llegó poderosamente a Jerusalén (Nehemías 8).

No hubo ninguna zarza ardiendo ni ninguna otra gran señal de parte del Señor con respecto a cómo debía actuar Nehemías; pero cada día que el copero pasaba tiempo en la presencia del Padre, Dios hablaba a su corazón y le enseñaba qué hacer. Y debido a que él escuchaba, tuvo una enorme influencia en las vidas de otras personas y en el futuro de toda una nación.

DIOS LE ESTÁ HABLANDO A USTED

La historia de Nehemías nos muestra que usted y yo somos más eficaces cuando mantenemos una conversación permanente con el Padre y nos sometemos humildemente a su dirección.

Por supuesto, al igual que Nehemías, el Señor puede que nos llame a hacer tareas que nos parecen gigantescas e imposibles. Esas tareas tienden a parecer más difíciles debido a nuestras limitaciones humanas: nos imaginamos que todas las circunstancias están contra nosotros y nos sentimos débiles y sin poder para terminar las misiones que Dios nos da.

Puede que afrontemos algunos de los mismos obstáculos que afrontó Nehemías: hay personas en autoridad so bre nosotros que impiden nuestro progreso, no tenemos la influencia o los recursos necesarios para continuar, o las críticas de otros nos han herido profundamente y nos han paralizado impidiendo nuestro avance. Puede que incluso afrontemos una guerra espiritual: el enemigo está apuntando a esos lugares en nuestra vida que ya son dolorosos y nos hace cuestionarnos lo que creemos acerca de Dios y lo que Él nos ha llamado a hacer. Si no tenemos cuidado, el desánimo puede causar estragos en nosotros, dejándonos temerosos, deprimidos, confundidos y dudando del Padre.

Lo que siempre debemos recordar en tales circunstancias es que *lo único que importa es la verdad,* y que las luchas que estamos experimentando representan *una batalla de fe.* ¿Escucharemos las amenazas de los hombres o confiaremos en las promesas de Dios? ¿Permitiremos que las circunstancias nos desanimen o creeremos en el carácter fiel de Él? O creemos que el Padre asume toda la responsabilidad de nuestras necesidades cuando le obedecemos, incluyendo nuestra seguridad, o no lo creemos. Pero permítame ser claro: si el Señor nos llama a realizar una tarea, Él nos *ayudará* a lograrla, independientemente de lo que alguien diga o piense.

> *Si el Señor nos llama a realizar una tarea, Él nos ayudará a lograrla, independientemente de lo que alguien diga o piense.*

El Señor revelará su plan

En este momento es posible que usted esté pensando: *Todo esto está muy bien, pero necesito la respuesta de Dios* ahora mismo. No sé lo que Él quiere que haga. ¿Realmente va a hablarme?

Permítame asegurarle que si usted está buscando a Dios y está listo para obedecerlo, Él moverá el cielo y la tierra para mostrarle su voluntad. Jesús prometió: «Pedid, y se os dará; buscad, y hallaréis; llamad, y se os abrirá. Porque todo aquel que pide, recibe; y el que busca, halla; y al que llama, se le abrirá» (Mateo 7.7, 8). Y puedo asegurarle esto: el Salvador nunca ha dejado de cumplir esta promesa.

Repito, sin embargo, que Él no siempre nos responde de inmediato. Recuerdo un período particularmente difícil en mi último año en la Universidad de Richmond. Parecía que absolutamente todo estaba saliendo mal, y me sentía totalmente hundido. Era la semana de exámenes, y había obtenido algunas malas calificaciones en un par de exámenes. Era terrible porque era mi último año y me parecía que había pasado todo ese tiempo en la escuela solamente para fracasar. Estaba desesperado por conocer cuál era el plan y el propósito de Dios para mi vida, pero sentía como si Él se hubiera alejado completamente de mí, como si se hubiera ido.

Llegó un momento en que la presión fue tan grande y mi

lucha tan intensa que fui a ver a mis compañeros de oración del Thomas Hall. De camino, dije: «Padre, tengo que estar totalmente seguro de cuál es tu voluntad para mi vida. He orado, pedido, rogado, suplicado y ayunado. He hecho todo lo que sé. Dios, por favor haz *algo*: todo mi futuro está basado en ti. Por favor, aclara esta pregunta en mi mente y muéstrame exactamente lo que debo hacer». Estoy seguro de que se podrá identificar con la presión que sentía sobre mí.

Pero entonces el Señor trajo a mi mente algo que me dijo mi abuelo, George Washington Stanley. Él había pasado por una situación similar en su vida, en la que estaba confundido y buscando la guía de Dios sobre si debía predicar o no. Mi abuelo no tuvo una educación formal y apenas sabía leer y escribir. Se sentía muy incompetente y tenía dudas acerca de su futuro. Entonces el abuelo me dijo que se puso de rodillas y le pidió al Padre que le mostrara lo que debía hacer. Entonces pidió algo muy específico. Dijo: «Señor, si me estás llamando a predicar el evangelio, déjame ver dos estrellas fugaces». Dicho y hecho, alzó su vista y vio dos luces brillantes cruzando el firmamento de la noche.

Yo pensé: *Si el abuelo le pidió a Dios algo tan específico y el Señor le respondió, quizá Él hará lo mismo conmigo*. Después de todo, mi abuelo nunca dudó de que el Padre lo había llamado a predicar; y el Señor lo usó de manera maravillosa: él estableció numerosas iglesias y condujo a muchas personas a Jesús.

Así que oré, diciendo: «Señor, sé que no tengo derecho a pedirte esto, pero si esta es tu voluntad para mi vida, si realmente esto es lo que me estás pidiendo hacer, por favor déjame ver dos estrellas fugaces, como a mi abuelo». Dos días después, miré al cielo y vi dos meteoritos brillantes cruzando el firmamento de la noche al mismo tiempo. Era como si el Señor me dijera: «Me pediste y yo he respondido tu oración». Inmediatamente, me postré sobre mi rostro y le di gracias con todo mi corazón.

Si el Padre no me hubiera hablado de forma tan poderosa en ese momento, quizá me hubiera dado por vencido y el curso de mi vida hubiera sido totalmente distinto. Pero puedo decir sin lugar a dudas que no he vuelto a dudar de su llamado.

¿Por qué podemos confiar en que el Padre revelará su voluntad?

Del mismo modo, el Señor le está hablando a *usted*. El Padre le está llevando a una conversación, hablándole acerca de los planes de Él para su vida, revelándose a usted y confirmando lo que le gustaría hacer en usted y por medio de usted.

Pero quizá se encuentre en un lugar como el que yo estaba. Usted está desesperado por oír a Dios debido a alguna prueba, tentación o problema que le está haciendo pedazos. No tire la toalla. Aunque haya estado buscando la guía de Él por bastante tiempo, siga buscando, pidiendo y llamando.

Dios en su amor por nosotros ha hecho posible que usted y yo sepamos sin lugar a dudas cuáles son sus planes para nosotros en una situación determinada. Además, podemos estar totalmente seguros de que el Padre moverá el cielo y la tierra para mostrarnos su voluntad. Sin embargo, lo que Él quiere decirnos puede que sea tan crucial que quiere asegurarse de que estemos totalmente enfocados en Él. Por tanto, el tiempo de espera que experimentamos es simplemente para que fijemos nuestra atención en Él y nos preparemos para su respuesta.

¿Cómo podemos estar seguros de eso? Porque Él dice en Jeremías 29.11: «Porque yo sé los pensamientos que tengo acerca de vosotros, dice Jehová, pensamientos de paz, y no de mal, para daros el fin que esperáis». Esto es lo que Él nos asegura. Pero piense en ello: ¿Cómo puede Dios esperar que andemos en su voluntad y logremos sus propósitos si Él no nos dice cuáles son? Estaría totalmente fuera del carácter de Dios ocultarnos lo que quiere que seamos y hagamos.

Podemos estar totalmente seguros de que el Padre moverá el cielo y la tierra para mostrarnos su voluntad.

Sin embargo, cuando vemos las promesas que tenemos en las Escrituras, queda claro que el Señor no está dispuesto meramente a mostrarnos lo que debemos hacer, sino a revelarnos activamente su camino de vida:

- «Condujiste en tu misericordia a este pueblo que redimiste» (Éxodo 15.13).
- «Me mostrarás la senda de la vida; en tu presencia hay plenitud de gozo» (Salmo 16.11).
- «Me guiará por sendas de justicia por amor de su nombre» (Salmo 23.3).
- «¿Quién es el hombre que teme a Jehová? Él le enseñará el camino que ha de escoger» (Salmo 25.12).
- «Hizo salir a su pueblo como ovejas, y los llevó por el desierto como un rebaño. Los guió con seguridad, de modo que no tuvieran temor» (Salmo 78.52, 53).
- «Enséñame a hacer tu voluntad, porque tú eres mi Dios; tu buen espíritu me guíe a tierra de rectitud» (Salmo 143.10).
- «Fíate de Jehová de todo tu corazón, y no te apoyes en tu propia prudencia. Reconócelo en todos tus caminos, y él enderezará tus veredas» (Proverbios 3.5, 6).
- «Por el camino de la sabiduría te he encami-

nado, y por veredas derechas te he hecho andar» (Proverbios 4.11).

- «Tus maestros nunca más te serán quitados, sino que tus ojos verán a tus maestros. Entonces tus oídos oirán a tus espaldas palabra que diga: Este es el camino, andad por él; y no echéis a la mano derecha ni tampoco torzáis a la mano izquierda» (Isaías 30.20, 21).

- «Y guiaré a los ciegos por camino que no sabían, les haré andar por sendas que no habían conocido; delante de ellos cambiaré las tinieblas en luz, y lo escabroso en llanura» (Isaías 42.16).

- «Así ha dicho Jehová, Redentor tuyo, el Santo de Israel: Yo soy Jehová Dios tuyo, que te enseña provechosamente, que te encamina por el camino que debes seguir» (Isaías 48.17).

- «Porque todos los que son guiados por el Espíritu de Dios, éstos son hijos de Dios» (Romanos 8.14).

- No cesamos de orar por vosotros, y de pedir que seáis llenos del conocimiento de su voluntad en toda sabiduría e inteligencia espiritual» (Colosenses 1.9).

Por tanto, en esos momentos en que usted está desesperado por oír la voz de Dios y su respuesta a sus peticiones, recuerde sus promesas y confíe en ellas. Manténgase atento a su actividad y escuchando su voz. Él está llamando su atención y sin lugar a dudas le mostrará su voluntad.

SU BUEN PASTOR HABLA

Recuerde que Jesús dijo: «Yo soy el buen pastor; y conozco mis ovejas, y las mías me conocen... y pongo mi vida por las ovejas... Mis ovejas oyen mi voz, y yo las conozco, y me siguen, y yo les doy vida eterna; y no perecerán jamás, ni nadie las arrebatará de mi mano» (Juan 10.14, 15, 27, 28).

En tiempos bíblicos, los pastores dedicaban sus vidas al cuidado y al bienestar de sus rebaños y estaban íntimamente conectados a sus ovejas, incluso hasta el punto de ponerles nombre. Tenían la responsabilidad de situarse entre sus rebaños y cualquier peligro que pudiera surgir. Les guiaban tiernamente y se ocupaban de todas sus necesidades.

Esta es la imagen que Jesús usa para describir su relaciocon nosotros: nuestro Buen Pastor está siempre ahí para guiarnos, protegernos y cuidar de nosotros. El Señor habla por nuestro bien, deseando darnos lo mejor y protegernos de todo peligro.

Por tanto, como su Pastor, Dios se comunica con usted de muchas formas:

Él habla con usted personalmente

En el conocido Salmo 23, el rey David escribió: «Jehová es *mi* pastor» (23.1). El Padre sabe exactamente lo que le está ocurriendo a usted en este mismo instante. De igual forma, Él entiende dónde ha estado usted y hacia dónde se dirige. Mientras lee esto, quizá se pregunte si Él entiende la presión a la que está usted sometido y la gran necesidad que tiene de dirección, consuelo, sanidad y sabiduría de Él. Sí, Él lo sabe. Cada detalle de su vida está bajo su cuidado soberano (Mateo 10.29–31). Por tanto, deje de preocuparse y empiece a confiar en Él. El Dios que gobierna los asuntos del mundo cuida de usted de manera *íntima* e *individual*. Él no le fallará.

> *Cada detalle de su vida está en su cuidado soberano. Deje de preocuparse y empiece a confiar en Él.*

Él habla con usted acerca de su sabia provisión

David siguió escribiendo: «Jehová es mi pastor; *nada me faltará*» (Salmo 23.1). Quizá a usted le hayan faltado muchas cosas y le haya costado creer esta promesa, pero el Buen Pastor quiere que tenga lo mejor, así que le dará siempre lo que verdaderamente necesite (Filipenses 4.19). Él no solo suple lo que usted necesita físicamente, sino también sus necesidades emocionales y espirituales, satisfaciendo su alma con amor, aceptación, compañía y dignidad como nadie más puede hacerlo.

También, puede confiar siempre en lo que el Padre le diga porque Él nunca le guiará a nada que le pueda hacer daño (Mateo 7.9–11). Incluso cuando Él le impide recibir algo que usted desea y no entiende sus propósitos, puede seguir teniendo la completa seguridad de que Él tiene una buena razón para la manera en que le guía y dirige su vida (Isaías 30.18; 64.4; Santiago 1.2–6). Según mi propia experiencia, cuando Él ha dicho no a alguna bendición, fue para que yo pudiese experimentar después otra mayor. Lo mismo es cierto para usted.

Él habla con misericordia y gracia

Soy muy consciente de que hay algunas personas que casi temen escuchar al Señor por la culpa y la vergüenza que sienten en sus vidas. Temen que al abrir sus oídos a la voz de Él, lo único que escuchen sea condenación e ira, confirmando así sus sentimientos de indignidad. Sin embargo, el testimonio de David acerca del Pastor habla de su tierna gracia, la cual edifica y no destruye. David escribe: «Confortará mi alma; me guiará por sendas de justicia por

> *Según mi propia experiencia, cuando Él ha dicho no a alguna bendición, fue para que yo pudiese experimentar después otra mayor.*

amor de su nombre» (Salmo 23.3). En otras palabras, al someternos a Él como una oveja lo hace con su pastor, el Padre trae sanidad, restauración y un entendimiento restaurado de nuestro propósito.

La razón por la que Dios aborrece el pecado es porque crea vacío, culpabilidad, enojo y soledad en su corazón, y lo separa de Él. Por eso Él sana sus trasgresiones mediante la muerte y resurrección de su Hijo Jesucristo (Hechos 2.38; 1 Juan 1.9), y le da el Espíritu Santo para enseñarle a caminar de manera digna de un hijo de Él (Juan 14.26) El Buen Pastor entiende que cada uno de nosotros se desviará en algún momento (Isaías 53.6), pero Él le vuelve a llamar al trono de gracia para mostrarle misericordia, restaurar su alma y recordarle su gran valía ante los ojos de Él, y nunca para hacerle sentir peor.

> *Cuando confesamos nuestros pecados y buscamos su perdón, el Padre trae sanidad, restauración y un entendimiento restaurado de nuestro propósito.*

Él habla mediante su protección

No puedo recordar no tener una ruta que recorrer cuando era niño. Repartía periódicos dos veces al día hasta que fui a la universidad, y fue mediante esa ocupación que aprendí que Dios era mi Escudo y mi Libertador, como dijo el salmista: «Jehová, roca mía y castillo mío, y mi libertador; Dios mío, fortaleza mía, en Él confiaré; mi escudo, y la fuerza de mi salvación» (Salmo 18.2).

Como cualquier repartidor de periódicos, me encontré con perros malos y clientes que no querían pagar. Yo les citaba versículos a los perros y oraba por los malos clientes. Sin embargo, fue en la ruta de la tarde cuando necesité que el Señor fuera mi libertador y mi escudo.

Se debía a que la calle North Main de Danville, Virginia, era una importante vía pública y yo tenía que cruzarla varias veces al día, lo cual significaba que mi vida estaba en constante peligro. Un día estaba cruzando la calle cuando un auto a toda velocidad frenó en seco quedando a pocos centímetros de mí.

Una mujer a la que le había repartido el periódico durante varios años me gritó desde su porche: «Charles Stanley, ¡no te atrevas a morirte delante de mi casa!».

Yo respondí: «Sí, señora», como si eso dependiese de mí. Pero yo sabía que era Dios quien me había protegido de ese auto y quien tenía un plan para mi vida. Por eso, no me dio miedo levantarme y terminar mi ruta. Sabía que mi vida estaba en manos del Buen Pastor.

Todos experimentamos pruebas, peligros, conflictos, sufrimientos y dudas. Todos afrontamos situaciones en que nos sentimos vulnerables, solos, abandonados y absolutamente desesperados. Nos preguntamos por qué el Señor nos permite experimentar esos peligros, dolor y sufrimiento si se interesase verdaderamente por nosotros.

Nos pasan muchas preguntas por la mente: *¿Se habrá olvidado Él de mí? ¿Por qué no puedo oír su voz? ¿Por qué no me libra? ¿Acaso no le importo?* Pero la verdad es que a menudo aprendemos a escuchar a Dios con más atención y a depender de Él en mayor medida cuando pasamos con Él momentos de adversidad.

David nos da este poderoso testimonio: «Aunque ande en valle de sombra de muerte, no temeré mal alguno, porque tú estarás conmigo; tu vara y tu cayado me infundirán aliento» (Salmo 23.4). Él aprendió que la presencia del Padre con él era un *hecho* innegable, y nosotros podemos aprenderlo también.

> *A menudo aprendemos a escuchar a Dios con más atención y a depender de Él en mayor medida cuando pasamos con Él momentos de adversidad.*

Como creyentes tenemos la promesa de que, a pesar de lo desesperantes o peligrosas que puedan parecer nuestra circunstancias, el Señor nunca nos dejará; Él nos guiará fielmente a través de cada dificultad (Deuteronomio 31.8). También tenemos la seguridad de que Él transformará todas nuestras pruebas en algo positivo en nuestra vida (Isaías 30.20; Romanos 8.28). Porque nuestro Buen Pastor nos protege, sabemos que nuestros problemas no nos dejarán cicatrices duraderas; en cambio, cada obstáculo edifica nuestro carácter y nos acerca a Él más que nunca (1 Pedro 1.6–9).

Él nos habla para prepararnos

Finalmente, gran parte de lo que el Padre nos comunica es para prepararnos para la eternidad. Recuerde que en Juan 17.3 Jesús nos dice: «Y esta es la vida eterna: que te conozcan a ti, el único Dios verdadero, y a Jesucristo, a quien has enviado». El objetivo principal y más importante del Señor es llevarle a una relación íntima con Él.

David escribe: «Unges mi cabeza con aceite; mi copa está rebosando. Ciertamente el bien y la misericordia me seguirán todos los días de mi vida, y en la casa de Jehová moraré por largos días» (Salmo 23.5, 6) ¡Qué maravillosa promesa! Es una certeza que el Padre quiere que usted tenga independientemente de su circunstancias: su bondad y misericordia estarán con usted para siempre, incluso hasta la eternidad (Juan 14.2, 3).

Quizá usted no sepa lo que le deparará el futuro, pero Dios sí lo sabe (Isaías 46.10). Su Buen Pastor entiende el camino que tiene por delante mejor que usted, y le está preparando seriamente

Su Buen Pastor entiende el camino que tiene por delante mejor que usted y le está preparando concienzudamente para ello.

para ello. Él ha ido delante de usted para trazar la mejor ruta posible para llevarle donde tiene que estar, y Él siempre se asegurará de que tenga usted todo lo necesario para tener éxito.

SU BUEN PASTOR HABLA: ¿ESTÁ USTED ESCUCHANDO?

El Señor se interesa lo suficiente por usted y por mí como para revelarse a sí mismo a nosotros. Su Dios, el Buen Pastor, habla. Él se comunica con usted personalmente en cuanto a su sabia provisión, con misericordia y gracia, mediante su protección y para prepararnos para todo lo que está por delante. ¿Le está usted escuchando? ¿Confía totalmente en cómo le está guiando Él?

El Padre puede hablarle durante todo el día, dándole su consuelo, guía y sabiduría, pero si usted no está dispuesto a escuchar y hacer lo que Él esté diciendo, entonces, ¿de qué le sirve? En el siguiente capítulo hablaremos acerca de cómo oír y responder a Dios, pero le desafío en este instante: *no avance hasta que esté dispuesto a hacer lo que Él le pida.*

Se lo digo por experiencia propia. Hubo un tiempo en que yo intentaba tomar una decisión que afectaría a muchas personas y me estaba costando mucho escuchar al Señor. Estuve a punto de cometer un grave error.

Me habían pedido que me presentara como candidato a presidente de la Convención Bautista del Sur, y tengo que confesar que realmente no quería hacerlo. Tenía temor y me sentía totalmente inepto. Ya era pastor de la Primera Iglesia Bautista en Atlanta, así que tenía que pensar en mi congregación. ¿Cómo podía yo ministrarles fielmente si tenía que estar enfocado en liderar la Convención? También, había un piadoso amigo que yo sabía que quería ese puesto, y pensé que él haría un trabajo excelente. Así que ayuné y oré, y pensé que había convencido a Dios de que ese puesto no era para mí. De hecho, la noche antes de la elección, un grupo de pastores organizaron una reunión de oración, y acordaron juntamente conmigo que ese otro hombre debería ser el presidente. Así que cuando me fui esa noche, pensé que la carga ya no estaba sobre mis hombros.

El día de la elección, me desperté sintiéndome muy bien. Me preparé como siempre y me dirigí hacia la puerta para salir; pero cuando toqué el pomo de la puerta, el Espíritu de Dios me detuvo repentinamente.

El Señor me dijo: «No pongas tu mano en ese pomo hasta que estés dispuesto a hacer lo que yo te pido». Su voz se oía claramente, no en el sentido verbal sino en su poder. Me postré en un extremo de la cama y lloré. Estaba abrumado por saber que estaba en una encrucijada donde un camino llevaba hacia la voluntad de Dios y la bendición, y el otro se alejaba de Él. Era como si el Señor me estuviera diciendo: «Tienes que tomar una decisión: puedes hacer lo que yo te digo y descubrir todas las cosas maravillosas que yo deseo lograr a través de ti, o puedes desobedecerme y pasar el resto de tu vida preguntándote lo que yo podría haber hecho si te hubieras sometido a mi plan».

Le dije: «Señor, sigo sin querer hacer esto. ¡Tengo miedo! Pero Padre, si eso es lo que quieres, estoy dispuesto a obedecerte. No quiero perderme lo que tengas para mi vida. Así que no importa lo grande que pueda ser mi fracaso, la respuesta es sí». Ahora bien, yo no sabía si iba a ganar, o si perdería y sería humillado completamente delante de todo el mundo. Lo único que sabía era que Dios me estaba llamando y yo tenía que ser obediente.

Ese se convirtió en un acontecimiento trascendental en mi vida, no por la posición para la que fui elegido, sino porque decidí de una vez por todas que independientemente del costo o de las consecuencias, obedecería al Padre. Y lo cierto es que Dios le está pidiendo a usted que tome la misma decisión.

Decida de una vez por todas que independientemente del costo o de las consecuencias, obedecerá al Padre.

Él le está diciendo a usted: «Toma una decisión: Haz lo que te mando y descubre todas las cosas maravillosas que lograré a través de ti, o pasa el resto de tu vida preguntándote lo que yo podría haber hecho si te hubieras sometido a mis maravillosos planes».

El Señor quiere comunicarse con usted. Él le hablará sobre asuntos importantes de su vida que le tienen preocupado o confundido. Él sabe exactamente cómo manejarlos y cómo capacitarle para tomar las mejores decisiones para usted y para sus seres queridos.

¿Le escuchará? ¿Le dirá que sí a pesar de sus temores o de las consecuencias que puedan tener? Oro para que lo haga, porque su Buen Pastor le llevará a vivir al máximo.

Padre, qué agradecidos estamos de que seas nuestro Pastor, y de poder confiar en todo lo que nos dices. Te damos gracias por hablarnos, Señor: por llevarnos a una conversación, hablarnos acerca de tus planes para nuestra vida, revelarte a nosotros y confirmar lo que te gustaría hacer en nosotros y por medio de nosotros. Gracias por darnos la victoria siempre que caminamos en obediencia a tu voluntad y a tus caminos.

Padre, reclamamos de la promesa de Éxodo 15.13: «Condujiste en tu misericordia a este pueblo que redimiste». Ahora que este querido lector busca conocerte mejor y aprender el sonido de tu voz, oro para que te muestres a él de una manera poderosa. Llena su alma del conocimiento de tu voluntad en toda sabiduría espiritual y entendimiento. Ayuda a esta persona a esperar en tu tiempo perfecto, a confiar en ti en cada paso de su caminar y a estar dispuesto a obedecer en todo lo que le pidas.

En el nombre incomparable y majestuoso de Jesús te lo pido. Amén.

4

ESCUCHAR A DIOS:
CAMINAR CON DIOS

La importancia de aprender el sonido de su voz

En un viaje que realicé en cierta ocasión a Israel, fui testigo de las mejores ilustraciones de escuchar a nuestro Buen Pastor que jamás había visto. Nunca lo olvidaré.

El sol se estaba poniendo y dos pastores se acercaron a un pozo cercano con sus rebaños. Durante aproximadamente veinte minutos, los dos hombres charlaron mientras sus ovejas se mezclaban y deambulaban libremente. Los animales se iban para todos lados. Poco después, no se podía distinguir un grupo de otro porque estaban muy mezcladas y dispersas por toda la zona.

Entonces ocurrió algo extraordinario. Uno de los pastores se dio la vuelta, tranquilamente dio una orden en voz alta, y comenzó a alejarse caminando. Al instante, los dos rebaños se separaron. Las ovejas reconocieron la voz de su amo, y a medida que él avanzaba por la colina, comenzaron a acudir de todas las direcciones para seguirlo. Sabían exactamente qué hacer y estaban motivadas a obedecer.

Esta es la relación que la Biblia nos dice que podemos tener con el Señor Jesús: podemos acostumbrarnos tanto a su voz, que lo reconoceremos a pesar de todos los demás mensajes que compiten por llamar nuestra atención. Como vimos en el último capítulo, Jesús afirmó: «Mis ovejas oyen mi voz, y yo las conozco, y me siguen» (Juan 10.27). También, en Jeremías 7.23 el Señor dice: «Escuchad mi voz, y seré a vosotros por Dios, y vosotros me seréis por pueblo; y andad en todo camino que os mande, para que os vaya bien».

> *Podemos acostumbrarnos tanto a su voz, que lo reconoceremos a pesar de todos los demás mensajes que compiten por llamar nuestra atención.*

En otras palabras, si creemos en Jesús como nuestro Salvador, entonces *reconoceremos* su llamado y tendremos la capacidad de conocer a Aquel que nos salva. Podremos andar en los maravillosos caminos que Él tiene para nuestra vida y experimentar lo mejor que tiene que ofrecernos.

Permítame preguntarle esto: ¿Puede identificar la voz del Pastor? Cuando el Amo le habla, ¿sabe usted que es Él? ¿Y está motivado a seguirle cuando Él le llama?

Escuchar a Dios es esencial si quiere caminar con Él y entender los planes concretos que Él tiene para su vida. Por eso es tan importante que aprenda a oír la voz del Padre, porque cuando lo haga, podrá participar de la conversación suprema y tener una relación íntima con Él. Y quizá el primer paso, y también el más crucial, para hacerlo es convertirse en un oyente activo, atento y decidido.

SEGUIR DE MANERA ACTIVA SU VOZ

Hace años, un buen amigo mío me enseñó el principio de ser consciente de la voz instructiva de Dios en cada situación. Él era un piadoso pastor, y cada vez que lo oía predicar, el Señor me hablaba poderosamente, como si el mensaje fuera específicamente para mí. Como se puede imaginar, me gustaba mucho oír sus sermones y lo hacía con mucho interés, porque sabía que el Padre me mostraría algo importante a través de él. Ya fuese que yo necesitara una solución para un problema, dirección para mi vida o simplemente inspiración para mi fe, confiaba en que oiría exactamente lo que necesitaba porque Dios regularmente me hablaba a través de él. Por tanto, siempre escuchaba atentamente y con mucho interés.

Por ser un hombre piadoso, mi amigo decía que si tenemos la confianza de que el Padre nos hablará a través de un predicador o maestro, siempre recibiremos algo de sus mensajes. Eso se debe a que estamos enfocados en el Señor y poniendo atención a lo que Él nos está comunicando. Pero lo que es crucial que entendamos, es que Dios está *constantemente* enseñándonos, demostrándonos pacientemente su amor y sabiduría a través de cada acontecimiento y detalle de nuestras vidas. Nuestro desafío es *esperar* que Él se revele a sí mismo con un corazón abierto y dispuesto, independientemente de lo que estemos afrontando, y *aplicar intencionadamente* lo que Él nos diga.

Con el paso de los años, he comprobado que este principio es totalmente cierto y básico para nuestra relación con el Señor. La mayoría de nosotros vamos por la vida pensando: «Si Dios tiene algo que decirme, me lo hará evidente». Así que tenemos una actitud pasiva cuando nos relacionamos con el Padre. No tenemos en cuenta que el Señor quiere que lo oigamos y está continuamente comunicando mensajes de sabiduría, esperanza e instrucción.

> *Dios está constantemente enseñándonos, demostrándonos pacientemente su amor y sabiduría a través de cada acontecimiento y detalle de nuestras vidas.*

Pero Él lo hace; y si somos capaces de hacer este cambio en nuestra manera de escucharlo, transformará radicalmente nuestras relaciones con Él.

Por tanto, me gustaría que pensara

profundamente en esta verdad, porque creo que marcará una gran diferencia en su vida, especialmente si le resulta difícil oír al Padre: Dios nos habla a usted y a mí a través de *cada* situación, *pero oírlo depende de nuestra espera confiada y de prestar atención a su instrucción.*

Eso significa que para escuchar al Padre, debemos tener persistentemente esta mentalidad: «El Señor tiene algo que decirme, ¡y no quiero perdérmelo!». In-dependientemente de las circunstancias que experimentemos, sabemos que Dios nos está enseñando algo, y aprendere-mos de manera intencional y entusiasta y lo aplicaremos sea lo que sea.

> *"El Señor tiene algo que decirme, ¡y no quiero perdérmelo!".*

APRENDER A IDENTIFICAR SU VOZ

Me sentí motivado a aprender en cuanto a la voz del Padre muy temprano en mi vida. Mi abuelo me decía cómo le hablaba Dios, y sus palabras crearon un deseo increíble dentro de mí de la presencia del Señor. Anhelaba que Él se comunicara también conmigo.

Quizá usted tiene el mismo anhelo, y se pregunta: *¿Qué debemos aprender para escucharlo?* Quizá haya oído a Dios en el pasado, pero de repente solo oye el silencio y la falta de respuestas. También es posible que oiga testimonios acerca de personas que reciben su guía divina, experimentan su amor y son bendecidas con su provisión; pero realmente no entiende cómo reconocer la voz del Señor por usted mismo. ¿Qué puede hacer?

UN PUNTO DE PARTIDA IMPORTANTE: LA PALABRA DE DIOS

La mejor manera de comenzar a aprender a identificar la voz de Dios, es por medio de su Palabra. El rey David proclamó: «Lámpara es a mis pies tu palabra, y lumbrera a mi camino» (Salmo 119:105). Eso se debe a que la Biblia contiene los planes y principios del Señor para la vida. Es el registro escrito de su revelación dada a conocer a lo largo de la historia: de sus caminos, su carácter y su naturaleza.

Todos hemos estado en situaciones en que podíamos oír a otras personas hablar pero no veíamos sus caras. Quizá fuese en la radio, en otra oficina, en el exterior o en cualquier otra situación; pero a medida que escuchábamos sabíamos exactamente quién hablaba porque reconocíamos su tono de voz, su forma de hablar, el tema de su mensaje o incluso el sonido de su risa.

Eso es lo que hace por nosotros la Biblia: nos familiariza con *lo que* Dios dice y con *cómo* nos lo comunica. Nos capacita para oír su voz. Por eso, si usted realmente quiere saber cómo escuchar la voz del Padre, la mejor forma es estudiar su Palabra.

1. Revela los caminos de Dios

En primer lugar, cuando usted lee la Escritura está recibiendo los pensamientos de Dios en su propia mente. Mediante ella, usted descubre cómo el Padre resuelve los problemas, actúa en las personas y por medio de ellas, se mueve en favor de quienes confían en Él, responde en diferentes situaciones y se relaciona con toda la creación. Es una guía increíble que le enseña los caminos y el carácter del Señor viviente. Puede aprender quién es Dios y cuánto le ama a usted (Juan 1.1, 14).

La Biblia nos familiariza con lo que dice Dios y con cómo nos lo comunica. Nos entrena para oír su voz.

2. Es su baranda protectora

En segundo lugar, la Biblia es útil porque usted sabe que el Padre nunca le dirá que haga nada que contradiga su Palabra. Si cree que le está diciendo algo, siempre puede acudir a la Escritura y bien confirmarlo u obtener más dirección (Salmo 119.11, 12).

3. *Le consuela*

En tercer lugar, la Palabra de Dios calma el corazón ansioso. Es sorprendente cómo leer acerca de la actividad redentora y amorosa del Señor a lo largo de la historia puede dar a una persona esperanza y confianza. Mediante la Escritura, el Padre contrarresta cualquier opinión equivocada que usted o yo podamos tener de Él y refuerza el hecho de que Él es totalmente confiable (Romanos 15.4).

4. *Le recuerda el compromiso que Dios tiene con usted*

En cuarto lugar, la Biblia le asegura la presencia, el poder y la provisión del Señor para su vida: las promesas que más necesita para confiar en Él. Le recuerda quién es Aquel en quien usted confía.

El Señor Dios Todopoderoso, su Padre celestial:

- «Y Jehová va delante de ti; él estará contigo, no te dejará, ni te desamparará; no temas ni te intimides» (Deuteronomio 31.8).
- «Cercano está Jehová a los quebrantados de corazón; y salva a los contritos de espíritu» (Salmo 34.18).
- «No temas, porque yo estoy contigo; no desmayes, porque yo soy tu Dios que te esfuerzo;

siempre te ayudaré, siempre te sustentaré con la diestra de mi justicia» (Isaías 41.10).

- «Con amor eterno te he amado; por tanto, te prolongué mi misericordia» (Jeremías 31.3).
- «Jehová está en medio de ti, poderoso, él salvará; se gozará sobre ti con alegría, callará de amor, se regocijará sobre ti con cánticos» (Sofonías 3.17).

5. Le convence de pecado

En quinto lugar, la Palabra de Dios revela las áreas de su vida que le están impidiendo escuchar la voz del Padre. A veces, sabemos que el Señor nos está hablando, pero tememos o no estamos dispuestos a escuchar por el dolor que pensamos que pueda producirnos. Sin embargo, cuando estudia la Escritura, el Espíritu Santo actúa en usted, aumentando su incomodidad en las áreas que aún no le ha entregado a Él. Él también trae a su mente las cosas que ha aprendido, con el objetivo de ayudarle a encontrar libertad de cualquier atadura que aún quede en su vida (Hebreos 4.12).

6. Le da el punto de vista de Dios

Finalmente, la Biblia le enseña a pensar como el Padre piensa y a ver las circunstancias que le rodean desde la perspectiva de Él. Nada en su vida es un accidente: no existe la suerte o la casualidad. Tenemos la seguridad de que «a los que aman a Dios, todas las cosas les ayudan a bien, esto es, a los que conforme a su propósito son llamados» (Romanos 8.28). Así que cuando enfrentemos retos y obstáculos en nuestra vida, sepamos que el Señor quiere hablarnos acerca de por qué los ha permitido y qué hará por medio de ellos.

Por ejemplo, una vez hice un viaje misionero a Nueva Zelanda, y el pastor me pidió que hablara a varios grupos de hombres de negocios. Lo que no me dijo fue que iba a predicar ocho veces en una mañana. Cada sesión duraba aproximadamente treinta minutos.

Intenté tomar un descanso después de cada reunión para poder mantener mi nivel de energía. Sin embargo, la sala que me dieron para descansar estaba totalmente vacía, no tenía ni tan siquiera una silla o un banco donde sentarme; solo había un piso de cemento.

Recuerdo que hacía mucho frío y yo dudaba de si sería capaz de terminar todas las sesiones. Me arropé con mi abrigo, me puse la Biblia debajo de la cabeza y me acosté en ese piso de cemento.

Mientras oraba, el Padre trajo a mi mente Isaías 40.31: «Los que esperan a Jehová tendrán nuevas fuerzas; levantarán alas como las águilas; correrán, y no se cansarán; caminarán, y no se fatigarán».

Ese versículo de Isaías me ayudó a darme cuenta de que el Padre nunca pretendió que predicara en mis propias fuerzas. Él nos da la energía para hacer la obra que tiene para nosotros.

Así que respondí: «Señor, estoy un poco cansado, pero espero en ti. Dios, tú prometiste que si confiaba en ti, me darías energía y poder. No puedo hacer esto yo solo, Padre. Pero tengo fe en que hablarás a estas personas a través de mí».

No lo va a creer, pero prediqué las ocho veces y cuando terminé, ni siquiera estaba cansado. El Señor usó Isaías 40.31 para volver a enseñarme que Él asume toda la responsabilidad de nuestras necesidades cuando lo obedecemos.

Así que cuando enfrentemos retos y obstáculos en nuestra vida, sepamos que el Señor quiere hablarnos acerca de por qué los ha permitido y qué hará por medio de ellos.

APROVECHE AL MÁXIMO SU TIEMPO EN LA PALABRA

Por tanto, al leer la Escritura hay mucho que esperar en términos de oír al Padre.

Estas son algunas cosas que puede hacer para que su tiempo con Él sea lo más efectivo posible.

1. Medite en la Palabra

Esto significa no solo leer un pasaje de la Escritura, sino realmente pensar en lo que significa. He descubierto que si estudio un versículo en particular y Dios me vuelve a llevar a él al día siguiente, Él me está diciendo algo importante. De hecho, hay algunas partes de la Biblia con las que he luchado durante días e incluso semanas hasta que el Señor me ayudó a entender lo que me estaba enseñando. Tómese su tiempo y permita que la verdad de la Palabra de Dios profundice en su corazón. Por ejemplo, veamos el Salmo 1:

*Bienaventurado el varón que no anduvo en consejo
de malos,
Ni estuvo en camino de pecadores,
Ni en silla de escarnecedores se ha sentado;
Sino que en la ley de Jehová está su delicia,
Y en su ley medita de día y de noche.
Será como árbol plantado junto a corrientes de
aguas,
Que da su fruto en su tiempo,
Y su hoja no cae;
Y todo lo que hace, prosperará.*

No así los malos,
Que son como el tamo que arrebata el viento.
Por tanto, no se levantarán los malos en el juicio,
Ni los pecadores en la congregación de los justos.
Porque Jehová conoce el camino de los justos;
Mas la senda de los malos perecerá (vv. 1–6)

Por supuesto, el mensaje del Salmo 1 es que debemos vivir una vida de obediencia; pero ¿puede pensar en un ejemplo de estar «en camino de pecadores» o de sentarse «en silla de escarnecedores»? (v. 1). ¿Cuáles serían ejemplos actuales de estas actividades? ¿En qué le ayudaría ser «como un árbol plantado junto a corrientes de aguas»? (v. 3). ¿Qué significa ser «como el tamo que arrebata el viento»? (v. 4).

Haciéndose preguntas de este tipo, usted descubrirá aun mejor el significado del pasaje. Incluso, es posible que quiera hacer una investigación para mejorar su comprensión de lo que significaron los versículos cuando se escribieron originalmente.

2. Tenga la confianza de que Dios se encontrará con usted de una manera personal

Como dijimos al comienzo del capítulo, es de suma importancia que usted *espere* que el Padre le hable de manera íntima y deliberada por medio de los versículos que ha leído. Por eso debe buscar de manera diligente qué le está Él enseñando.

Por ejemplo, al leer el Salmo 1, quizá el deseo de Dios sea confirmar que se agrada con su vida. O quizá le revele que se está asociando con personas que están dañando su relación con Él.

El punto es que si examina las Escrituras con confianza y la intención de escuchar a Dios, se sorprenderá de lo que Él le muestra y de cómo transforma su vida.

3. Ore para que el Señor le muestre cómo aplicarlo

Al meditar en el pasaje que ha leído, pregúntele al Padre: «¿Qué quieres decirme, Señor? ¿Cuál es la relación de este versículo con mi vida? ¿Hay algo que debo cambiar para seguirte más de cerca?».

Mientras ora, es posible que lleguen más preguntas a su mente. Quizá leyó las palabras «que da su fruto en su tiempo» (v. 3) y se pregunte si usted realmente está produciendo la cosecha que Dios quiere que dé. Eso le motiva a preguntar al Padre si está usted centrando su energía en las actividades adecuadas o si hay otras oportunidades para servir que a Él le gustaría que usted explorase.

> Al meditar en el pasaje, pregúntele: «¿Qué quieres decirme, Señor?».

O quizá leyó: «no se levantarán los

malos en el juicio» (v. 5) y venga a su mente un familiar que aún no es creyente. Inmediatamente, usted siente la necesidad de orar por esa persona y hablarle de Jesús.

No se sorprenda por las preguntas y preocupaciones que surjan. Al pensar de manera intencional en el pasaje y escuchar cuidadosamente al Padre, el Espíritu Santo examinará su corazón y sacará a la superficie los asuntos de los que Él quiere que usted se ocupe.

> Al pensar en el pasaje, el Espíritu Santo examinará su corazón y sacará a la superficie los asuntos que Él quiera tratar.

4. Esté preparado para obedecer cualquier cosa que el Señor le pida que haga

Por supuesto, el siguiente paso es someterse a cualquier cosa que el Padre le pida y actuar sobre la base de lo que ha oído. Esto a veces puede resultar difícil. De hecho, quizá lo que el Señor le indique hacer ni siquiera tiene sentido para usted. Obedézcale de todos modos.

Dios no nos pide a usted y a mí que entendamos su voluntad, sino que la obedezcamos, incluso si nos parece ilógica. Eso se debe a que el objetivo de Él es que su fe crezca y llevarle a una relación más cercana con Él mismo. Estoy seguro de que si pudiera ver este acto de obediencia a la luz de la voluntad completa que Él tiene para su vida, todo tendría sentido. Pero el Señor solo revela el camino que tiene para su vida paso a paso, para que usted aprenda a confiar en Él.

Por fortuna, Santiago 1.25 nos promete: «Mas el que mira atentamente en la perfecta ley, la de la libertad, y persevera en ella, no siendo oidor olvidadizo, sino hacedor de la obra, éste será bienaventurado en lo que hace». En otras palabras, a medida que usted oye y hace lo que el Señor dice, Él recompensa su fidelidad.

5. Esté dispuesto a esperar

Finalmente, sea paciente con usted mismo y con el Padre. Como dije, ha habido ocasiones en que me costó semanas entender del todo lo que el Señor me estaba enseñando mediante un pasaje de la Escritura. Hay muchas lecciones, como la fe, que solo pueden aprenderse con el tiempo. Pero recuerde siempre la lección que Dios me enseñó en aquel piso de cemento en Nueva Zelanda: «los que esperan a Jehová tendrán nuevas fuerzas; levantarán alas como las águilas; correrán, y no se cansarán; caminarán, y no se fatigarán» (Isaías 40.31).

Mientras usted espera pacientemente al Padre, Él le está fortaleciendo, edificando y obrando a favor de usted.

Mientras usted espera pacientemente al Padre, Él le está fortaleciendo, edificando y obrando en favor de usted. Y a medida que usted busque de manera diligente a Dios y lo escuche, no solo oirá su voz con mayor frecuencia, sino que también su vida cambiará de manera increíble.

OTRAS FORMAS DE OÍR SU VOZ

Por supuesto, leer la Palabra de Dios no es la única manera de escuchar al Señor. Aunque le animo a tener las Escrituras abiertas mientras habla con Él, a veces podemos oír la voz del Padre de otras formas.

1. *Mediante la alabanza y la adoración*

A veces, usted y yo necesitamos apartar tiempo y pensar en quién es Dios, pidiéndole que se revele a nosotros de una forma nueva. Cantamos acerca de su excelente carácter, lo alabamos, recordamos sus bendiciones y le damos gracias por todo lo bueno que ha hecho por nosotros. Honramos al Padre, agradecidos por la forma en que está trabajando en nuestras vidas.

¿Por qué lo hacemos? Salmo 95.6–9 nos dice:

Venid, adoremos y postrémonos;
Arrodillémonos delante de Jehová nuestro Hacedor.
Porque él es nuestro Dios;

Nosotros el pueblo de su prado, y ovejas de su
mano.

Si oyereis hoy su voz,

No endurezcáis vuestro corazón, como en Meriba,

Como en el día de Masah en el desierto,

Donde me tentaron vuestros padres,

Me probaron, y vieron mis obras.

Aquí vemos que tener una sana reverencia por Dios es importante porque nos guarda de dudar de la bondad y la provisión del Señor, como hizo la nación de Israel en Meriba (Éxodo 17.1–7). El Padre había liberado al pueblo de forma fiel y milagrosa de la esclavitud de Egipto. Sin embargo, mientras vagaban por el desierto comenzaron a quejarse, pidiendo agua y mostrando una total falta de respeto hacia el Señor. Dijeron: «¿Por qué nos hiciste subir de Egipto para matarnos de sed a nosotros, a nuestros hijos y a nuestros ganados?» (v. 3).

> *Tener una sana reverencia por Dios es importante porque nos impide dudar de la bondad y la provisión del Señor.*

Cuando nos enfrentemos a pruebas y dificultades, puede que de igual forma seamos tentados a cuestionar los propósitos del Padre si no le estamos adorando regularmente. Sin embargo, esos momentos en que lo exaltamos reprograman nuestro pensamiento, y nos ayudan a reconocer que Él es la Fuente de todo lo que tenemos y nuestro Defensor en cada situación. Entonces, en vez de dudar de Él cuando surgen las dificultades, aprendemos a escucharlo incluso con más atención.

Por tanto, si quiere oír al Padre y aumentar su intimidad con Él, debe dedicar tiempo para alabarlo y adorarlo (Romanos 12.1).

2. Mediante las circunstancias

También podemos oír la voz de Dios mediante los detalles de la vida diaria. Ya sea que perdamos un empleo, experimentemos algún tipo de conflicto o desafío, o simplemente probemos una puerta abierta, es posible que el Padre esté intentando enseñarnos algo.

Me acuerdo de un verano en que yo estaba en las montañas de Carolina del Norte de vacaciones, cuando un diácono de una iglesia local me pidió que predicara. Su pastor estaba de vacaciones y no encontraban a nadie que ocupara el púlpito mientras él estaba fuera. Yo no sabía nada acerca de esa iglesia ni de la comunidad, pero accedí. Ese domingo prediqué y les gustó la manera en que enseñé la Palabra de Dios, así que me invitaron de nuevo.

Aquella resultó ser la primera congregación que yo pastorearía: Iglesia Bautista Fruitland. Su pastor, Noah Abraham Melton, había estado allí por cuarenta y siete años y quería jubilarse, y ellos querían alguien de confianza para ocupar su lugar. El Padre les mostró durante esas vacaciones que yo era el hombre para ese puesto. Así que esperaron un año hasta que yo terminara el seminario, y después me llamaron para que fuese su pastor.

Dios organiza los detalles de nuestras vidas para acomodar sus planes y propósitos.

El punto es que Dios organiza los detalles de nuestras vidas para acomodar sus planes y propósitos. Si usted está dispuesto a escucharlo, lo oirá hablarle a través de cada acontecimiento, sin importar lo grande o pequeño que sea.

3. Mediante el consejo recto

A menudo podemos oír también la voz de Dios por medio de otras personas; ellos nos ayudan a entender lo que Dios está haciendo en nuestras vidas, les rendimos cuentas y nos animan a seguirle a Él en obediencia (Hebreos 10.24–25). De hecho, Proverbios 1.5 nos dice: «Oirá el sabio, y aumentará el saber, y el entendido adquirirá consejo».

Sin embargo, antes de pedir consejo a alguien, asegúrese de pensar bien: *¿Está viviendo esta persona una vida piadosa y obediente? ¿Puedo confiar en esta persona para escuchar al Señor?*

Nunca diga: «¿Qué cree *usted* que debo hacer?». En vez de eso, pregunte siempre: «¿Que dice la *Palabra de Dios* que debería hacer?». Esto quita el énfasis de las opiniones de la persona y lo sitúa en la dirección del Señor, que es donde debería estar.

El Padre puede animarle y edificarle mucho mediante otras personas. Tan solo asegúrese de hablar a las personas que le ponen a Él en primer lugar y quieren lo mejor para usted.

4. *Mediante su conciencia*

Su conciencia es un regalo de Dios, dada para protegerle de participar en conductas que pudieran finalmente destruirle. Es la capacidad moral que le permite distinguir entre el bien y el mal, y entre lo que es bueno y lo que es mejor para su vida. Cuando la somete al Espíritu Santo, su conciencia puede ser un canal muy poderoso mediante el cual oír la voz del Padre.

> *Cuando la somete al Espíritu Santo, su conciencia puede ser una forma muy poderosa mediante la cual el Padre se comunica con usted.*

Sin embargo, si se pregunta si su conciencia puede o debería ser su guía, permítame darle esta palabra de precaución: aunque el Señor *puede* hablarle mediante su conciencia, debe tener mucho cuidado para entrenarla para que responda de manera piadosa que lo honre a Él. Lo puede hacer poniendo siempre la Palabra de Dios como su norma de vida, rindiéndose al Espíritu Santo y confesando y arrepintiéndose de cualquier pecado tan pronto como sea consciente de ello.

La conciencia se debilita y se contamina si participamos en conductas inapropiadas e ignoramos las advertencias del Espíritu Santo para dejar de hacer lo que estamos haciendo. Finalmente, nuestra conciencia puede acostumbrarse tanto a hacer caso omiso de las advertencias del Señor, que pierde toda sensibilidad a sus advertencias.

Por eso, si queremos oír a Dios, es indispensable tener nuestra conciencia intachable ante Él limpiándola con su Palabra.

5. *Mediante un espíritu inquieto*

Otra forma de oír la voz de Dios es mediante una sensación de inquietud o expectación de que algo grande va a suceder. De hecho, justamente antes de cada cambio significativo que he experimentado en mi vida, he sentido inquietud en mi espíritu. Era la forma que tenía el Padre de llamar mi atención, de sintonizar mis oídos con su voz de modo que yo estuviera preparado para obedecer su dirección.

Por tanto, siempre que se sienta nervioso o inquieto por dentro, arrodíllese y pregunte a Dios: «¿Qué me estás diciendo, Señor?». Recuerde que Él envía esos sentimientos para motivarle a orar porque tiene algo importante que mostrarle.

¿HAY ALGO QUE LE ESTÁ IMPIDIENDO ESCUCHAR AL PADRE?

Por supuesto, si está leyendo las Escrituras y orando, pero tiene dificultad para oír a Dios, puede que haya algo en su vida que le está impidiendo mantener la conversación suprema con el Señor. Llegado este punto, es fácil desanimarse, pero no lo haga; descanse confiado en que su Padre celestial tiene el poder y la sabiduría para quitar cualquier cosa que le esté impidiendo tener una relación con Él.

Su Padre celestial tiene el poder y la sabiduría para quitar cualquier cosa que le esté impidiendo tener una relación con Él.

Como hemos visto, no está en el carácter de Dios ocultar la verdad de nosotros. Él desea relacionarse con cada uno de nosotros de manera profunda, y está decidido a quitar cualquier cosa que obstaculice nuestra comunión con Él.

Por tanto, pídale a Dios que examine su corazón. Ore acerca de las siguientes preguntas y pregúntele si alguno de estos asuntos le están impidiendo disfrutar de una conversación profunda y significativa con Él.

- ¿Tengo la intención y la expectativa de entablar una conversación con el Padre?

- ¿Me siento indigno o no merecedor de la guía o la gracia del Señor?

- ¿Estoy fallando a la hora de apartar tiempo para Dios, olvidándome de orar debido a actividades menos importantes?

- ¿Dudo del carácter del Padre o de lo que Él ha prometido?

- ¿He decidido ya en mi mente lo que quiero hacer, y eso me hace difícil oír cuál es la voluntad de Dios?

- ¿Estoy siendo influenciado por otros que me animan a no obedecer al Señor como debería?

- ¿Hay alguien a quien deba perdonar?

- ¿Me estoy aferrando a opiniones erróneas acerca del Padre que debo dejar?

- ¿Hay algún área de mi vida en la que estoy actuando según mi preferencia y no según los principios bíblicos?

- ¿Tengo miedo de la voluntad de Dios, pensando que me podría dañar a mí o a mis seres queridos?

- ¿Hay algún pecado en mi vida que deba confesar?

- ¿Hay algo que me estoy negando a entregar en obediencia al Padre?

Cuando ore, si algo persiste o se siente acusado por algún asunto en particular, deténgase en ese momento. Pídale a Dios que le sane y le muestre lo que debe hacer. Quizá Él le lleve a hablar con alguien, a leer un versículo de la Biblia o a arrepentirse de una conducta que le ha impedido tener una relación con Él. Independientemente de lo que Dios le muestre, decida obedecerle de inmediato. Recuerde: la obediencia siempre trae bendición, y no hay mayor recompensa que una comunión libre de obstáculos con el Padre.

Dios puede hablarle, y le hablará, de varias maneras. Cuando usted sepa lo que Él quiere que haga, no debe permitir que nada le impida obedecer su llamado. Los planes que usted tiene no pueden compararse con las cosas buenas que el Señor tiene preparadas para darle. Por tanto, su proceder más sabio es siempre someterse a la voluntad de Dios y confiar en que Él le ayudará.

> *No hay mayor recompensa que una comunión libre de obstáculos con el Padre.*

UN PENSAMIENTO FINAL

Como escribí anteriormente, Dios nos está enseñando *constantemente*, demostrándonos su amor y sabiduría pacientemente mediante cada acontecimiento y detalle de nuestra vida. Él se revelará a sí mismo si esperamos con avidez su enseñanza y le prestamos atención.

Con esto en mente, siempre me ha inspirado y sorprendido la gran expansión del firmamento en la noche. Durante años, iba a la ventana de mi estudio cada sábado por la noche y miraba a las brillantes constelaciones, admirado y maravillado. Uno no puede evitar ver la sabiduría, la belleza y la majestad del Padre en cada parte de su creación.

Medite en la asombrosa naturaleza del espacio: cómo la luz viaja a casi trescientos mil kilómetros por segundo, y cómo un planeta puede estar a trillones de kilómetros de nosotros y, sin embargo, aun así podemos verlo. El Señor creó todo el universo con su palabra y luego colocó los miles de millones de estrellas, mundos y galaxias en sus órbitas, y les puso nombre a cada uno. Y todo lo que existe, desde la partícula más pequeña hasta la infinidad del espacio, descansa en la mano omnipotente de nuestro Padre omnisciente. Él está en control absoluto de todo porque Él es soberano sobre el universo. ¡A qué Dios tan poderoso y asombroso servimos! Simplemente no podemos ni remotamente entender lo grande, magnífico y poderoso que nuestro Señor Dios es verdaderamente.

Considerar estas mismas maravillas inspiró a David a escribir el Salmo 8:

¡Oh Jehová, Señor nuestro,
Cuán glorioso es tu nombre en toda la tierra!
Has puesto tu gloria sobre los cielos...
Cuando veo tus cielos, obra de tus dedos,
La luna y las estrellas que tú formaste,
Digo: ¿Qué es el hombre, para que tengas de
él memoria,
Y el hijo del hombre, para que lo visites?
(vv. 1, 3, 4)

A veces es fácil sentirse así: *Señor, ¿quién soy yo para que me tengas en cuenta y hables conmigo? ¿Por qué debes interesarte por los detalles de mi vida?*

Sin embargo, Dios *piensa* en usted. El Buen Pastor está observando los detalles de su vida; y quiere que usted oiga su voz.

> *Dios piensa en usted. El Buen Pastor está observando los detalles de su vida; y quiere que usted oiga su voz.*

Recuerde: Aquel que mantiene en su lugar el sol, la luna, las estrellas, las galaxias y las constelaciones, y que mantiene la tierra rotando a la velocidad perfecta, sobre el eje correcto y con la cantidad exacta de oxígeno que necesitamos en el aire, es Aquel que puede comunicarse con usted independientemente de lo que usted esté experimentando.

Por tanto, si le cuesta oír al Padre o si hay alguna pregunta que quisiera que Él le respondiera, no se rinda. Él quiere hablarle.

Siga buscando su rostro y escuchando su llamado.

Padre, qué agradecidos estamos de que seas nuestro Buen Pastor que nos habla de tantas formas. Qué privilegio conocerte, Señor: el majestuoso, maravilloso y poderoso Dios de toda la creación. Gracias por comunicarte con nosotros y por darnos tu Palabra para que podamos aprender a oír tu voz.

Padre, oro por este lector que desea oír tu llamado y caminar en acuerdo contigo. Dios, lleva a esta persona a una relación íntima contigo, enseñando a esta persona a conectarse contigo de maneras más profundas y significativas que nunca antes. Dale a esta persona un espíritu de confianza y expectación siempre que se acerque a tu trono de gracia. Ayuda a tu hijo o tu hija a estar abiertos y disponibles para todo lo que tú desees hacer. Gracias por revelar a esta preciosa alma tus caminos y darle a conocer tu voz.

A ti sean todo el honor, la gloria, el poder y la alabanza. Oro en el santo y majestuoso nombre de Jesús. Amén.

5

EL EJEMPLO DE INTIMIDAD
DE CRISTO

Comunicarse con el Padre como lo hacía Jesús

AL ESTUDIAR LA CONVERSACIÓN SUPREMA, hemos hablado acerca de Aquel a quien estamos hablando, del hecho de que Dios tiene mucho que decirnos a cada uno de nosotros personalmente, y de la importancia de prestar atención a su llamado. Por supuesto, aprender principios y ponerlos en práctica son dos cosas diferentes.

Quizá haya momentos en que sienta que no es capaz de decir a Dios lo correcto. Quizá aún tenga incertidumbre en cuanto a haber escuchado su voz, aunque agudiza sus oídos para escucharlo. Puede parecer incluso que sus sueños se han perdido; el camino que tiene por delante parece vago y poco prometedor; y quizá no entienda por qué Dios le ha llevado a ese lugar tan difícil y doloroso. Intenta usted comunicarse con el Padre, pero como el salmista Asaf, siente que está haciendo un trabajo torpe y terrible. Él escribió: «Se llenó de amargura mi alma, y en mi corazón sentía punzadas. Tan torpe era yo, que no entendía; era como una bestia delante de ti» (Salmo 73.21, 22). A veces, es posible que nos sintamos tan torpes e incapaces hablando con Dios, que nos preguntemos si valdrá la pena acercarnos a Él.

> *Tenemos un ejemplo vivo en Jesús de lo que es una intimidad profunda con el Padre.*

Afortunadamente, en todas estas cosas somos especialmente bendecidos como creyentes porque tenemos un ejemplo vivo en Jesús de lo que es una intimidad profunda con el Padre. De hecho, Hebreos 1.1–3 nos dice:

Dios, habiendo hablado muchas veces y de muchas maneras en otro tiempo a los padres por los profetas, en estos postreros días nos ha hablado por el Hijo, a quien constituyó heredero de todo, y por quien asimismo hizo el universo; el cual, *siendo el resplandor de su gloria, y la imagen misma de su sustancia*, y quien sustenta todas las cosas con la palabra de su poder (énfasis añadido).

A lo largo de la historia, el Señor nos ha hablado de sí mismo mediante los patriarcas, sacerdotes y profetas; pero en Jesús, Dios nos hizo una demostración precisa de quién es Él. Colosenses 1.15 nos dice: «Él es la imagen del Dios invisible». El indescriptiblemente asombroso e infinito Señor de todo lo que existe se hizo semejante a nosotros y habitó entre nosotros para que pudiéramos conocerlo mejor. Y estudiando la vida de Jesús, tenemos un modelo de cómo se relaciona Dios con nosotros.

Pero ¿por qué hizo Él eso? ¿Por qué pasó por el problema de convertirse en un hombre? ¿No había otra manera de hacerlo?

Hebreos 2.17–18 dice: «Por lo cual debía ser en todo semejante a sus hermanos, para venir a ser misericordioso y fiel sumo sacerdote en lo que a Dios se refiere... Pues en cuanto él mismo padeció siendo tentado, es poderoso para socorrer a los que son tentados».

Su Salvador Jesús sabe exactamente lo que usted está experimentando. Comprende las difíciles decisiones que usted debe tomar y las luchas internas que a menudo acompañan el hacer lo correcto (Lucas 22.42). Él entiende el sufrimiento de ser rechazado y traicionado por otros (Mateo 26.47–56), y reconoce totalmente la absoluta agonía de que se olviden de uno, de ser totalmente abandonado y con un terrible dolor emocional y físico (Mateo 27.46).

Jesús no solo sabe lo que usted está

Jesús no solo sabe lo que usted está sintiendo, sino que fielmente camina con usted en cada problema que enfrenta, y le ofrece descanso para su alma.

sintiendo, sino que fielmente camina con usted en cada reto que enfrenta, y le ofrece descanso para su alma (Mateo 11.29, 30).

UNA CONVERSACIÓN QUE HONRA A DIOS

Debido a eso, Jesús es perfecto para enseñarnos a usted y a mí cómo mantener una conversación de calidad con el Padre; y mientras lo hace, hay dos cosas que podemos tener por seguras:

En primer lugar, como Jesús es *totalmente* Dios (Juan 1.1; 10.30), nos muestra cómo dirigirnos a Él de una manera que lo honre y le dé gloria. El Señor es claro acerca de lo que espera de nosotros.

En segundo lugar, al ser *totalmente* hombre (Filipenses 2.5–8; Hebreos 2.14–18), Jesús entiende profundamente lo que estamos experimentando, y nos muestra cómo orar de una forma que supla mejor nuestras necesidades y ministre a nuestro espíritu.

A veces hacemos que nuestra conversación con el Padre sea mucho más difícil y complicada de lo que debería ser. Tristemente, eso significa que no disfrutamos de todas las bendiciones de estar en su increíble presencia. Pero en Jesús vemos que interactuar con Dios no tiene que ser algo difícil o confuso. Por tanto, vamos a ver en profundidad el patrón de oración del Salvador para descubrir cómo podemos hablar con Dios de la forma que más le agrade a Él y nos ayude.

En Mateo 6.5–13, Jesús enseña:

Y cuando ores, no seas como los hipócritas; porque ellos aman el orar en pie en las sinagogas y en las esquinas de las calles, para ser vistos de los hombres; de cierto os digo que ya tienen su recompensa. Mas tú, cuando ores, entra en tu aposento y, cerrada la puerta, ora a tu Padre que está en secreto; y tu Padre que ve en lo secreto te recompensará en público.

Y orando, no uséis vanas repeticiones, como los gentiles, que piensan que por su palabrería serán oídos. No os hagáis, pues, semejantes a ellos; porque vuestro Padre sabe de qué cosas tenéis necesidad, antes que vosotros le pidáis.

Vosotros, pues, oraréis así:
Padre nuestro que estás en los cielos,
santificado sea tu nombre.
Venga tu reino.
Hágase tu voluntad,
como en el cielo, así también en la tierra.
El pan nuestro de cada día, dánoslo hoy.

Y perdónanos nuestras deudas, como también
nosotros perdonamos a nuestros deudores.
Y no nos metas en tentación, mas líbranos
del mal;
Porque tuyo es el reino, y el poder, y la gloria,
por todos los siglos. Amén.

Cierre la puerta

Lo primero que debemos ver en la enseñanza de Jesús es que Él nos quiere totalmente para sí mismo. Dice: «Y cuando ores, no seas como los hipócritas; porque ellos aman el orar en pie en las sinagogas y en las esquinas de las calles, para ser vistos de los hombres... Mas tú, cuando ores, entra en tu aposento, y cerrada la puerta, ora» (Mateo 6.5, 6). Debemos tener períodos de interacción con el Padre cuando no haya nadie a nuestro alrededor, cuando podamos estar sin prisa, sin distracciones, sin interrupciones, y pasar deliberadamente tiempo con Él.

Por tanto, por ser *totalmente Dios*, Jesús nos dice lo que desea de nosotros: una atención completa y totalmente libre de impedimentos. Quiere que lo elijamos a Él por encima de las preocupaciones y actividades del día y lo reconozcamos como el Señor de nuestras vidas. Y por ser *totalmente hombre*, el Salvador entiende lo importante que es para nosotros que diariamente le expresemos nuestras preocupaciones, que sean perdonados nuestros pecados, que nuestros temores sean calmados, que nuestro corazón se anime, y que nuestra alma sea renovada.

Vemos esto modelado a lo largo de la vida de Jesús. Marcos 1.35 nos dice: «Levantándose muy de mañana, siendo aún muy oscuro, salió y se fue a un lugar desierto, y allí oraba». Mateo 14.23 nos dice que en otra ocasión: «Despedida la multitud, subió al monte a orar aparte; y cuando llegó la noche, estaba allí solo». Jesús entendió la importancia de mantener con frecuencia una conversación privada y libre de impedimentos con el Padre.

Esto no significa que deberíamos evitar las ocasiones de intercesión pública. Por el contrario, eso también es importante (Hebreos 10.25). Más bien, debemos darnos cuenta de que somos libres para comunicarnos con Él a solas, y debemos hacerlo con frecuencia. El Señor quiere que tengamos el privilegio de expresarle nuestros sentimientos, deseos, cargas, tristezas y preocupaciones. Sin embargo, Dios también desea que usted y yo nos enfoquemos en Él, adorándolo y permitiéndole que nos ame como contrapartida.

Por tanto, permítame preguntarle: ¿Cuánto tiempo tiene Dios absolutamente toda su atención en un período

> *Dios quiere que usted y yo nos enfoquemos en Él, adorándolo y permitiéndole que nos ame como contrapartida.*

de veinticuatro horas? ¿Con qué frecuencia le tiene a usted el Señor solamente para Él? Si solo le está dando unos pocos minutos al Padre, haciendo sus peticiones y después apresurándose para seguir con sus cosas, realmente no está usted orando. Eso no es una comunión genuina.

Piense en dos jóvenes que se enamoran. No llenan su día de actividades poco importantes y se evitan el uno al otro, sino que apartan tiempo para estar el uno con el otro y demostrar lo mucho que se quieren.

¿Por qué no tratamos al Señor del mismo modo? ¿Por qué no nos apresuramos para verlo, dejando a un lado todo lo demás, para decirle lo agradecidos que estamos por su maravilloso cuidado y perfecta provisión? Hasta que decidamos pasar tiempo a solas con Dios y le permitamos que nos vigorice con su presencia, nunca entenderemos verdaderamente el poder de mantener una conversación con Él. Pero cuando lo hagamos, desearemos sin duda tener una comunión constante con el Padre porque entenderemos el privilegio tan grande que significa eso.

Secreto y sincero

Lo segundo que tenemos que ver es la manera de pensar que debemos tener cuando hablamos con el Señor. Jesús dijo: «Ora a tu Padre que está en secreto; y tu Padre que ve en lo secreto te recompensará en público. Y orando, no uséis vanas repeticiones, como los gentiles, que piensan que por su palabrería serán oídos. No os hagáis, pues, semejantes a ellos; porque vuestro Padre sabe de qué cosas tenéis necesidad, antes que vosotros le pidáis» (Mateo 6.6–8).

La multitud a la que Jesús se dirigió entendía que al decirles que oraran en privado, Él no les estaba diciendo que dejasen la práctica pública de hacer cada mañana (*Shacharit*), en la tarde (*Minchah*) y en la noche (*Ma'ariv*) oraciones que acompañaban a los tres sacrificios diarios (Salmo 55.17; Daniel 6.10). Más bien, les estaba diciendo que probasen su corazón. ¿Cuáles eran sus motivos para clamar a Dios? ¿Era por adoración al Señor o por otro propósito?

Había muchos en aquella época que mostraban externamente su piedad, no tanto por amor al Padre sino porque buscaban aprobación, respeto y poder sobre otros. De hecho, muchos de los líderes religiosos esclavizaban a las personas con sus leyes y reglas, haciéndoles creer que la salvación había que ganársela. Jesús denunció sus prácticas en Mateo 23:

Los escribas y los fariseos… atan cargas pesadas y difíciles de llevar, y las ponen sobre los hombros de los hombres; pero ellos ni con un dedo quieren moverlas. Antes, hacen todas sus obras para ser vistos por los hombres. Pues ensanchan sus filacterias, y extienden los flecos de sus mantos; y aman los primeros asientos en las cenas, y las primeras sillas en las sinagogas...

Mas ¡ay de vosotros, escribas y fariseos, hipócritas! porque cerráis el reino de los cielos delante de los hombres; pues ni entráis vosotros, ni dejáis entrar a los que están entrando...

¡Ay de vosotros, escribas y fariseos, hipócritas! porque sois semejantes a sepulcros blanqueados, que por fuera, a la verdad, se muestran hermosos, mas por dentro están llenos de huesos de muertos y de toda inmundicia. Así también vosotros por fuera, a la verdad, os mostráis justos a los hombres, pero por dentro estáis llenos de hipocresía e iniquidad (vv. 2, 4–6, 13, 27, 28).

Esos líderes religiosos estaban enredando las cosas. En su búsqueda de prominencia mediante actos de justicia, se habían vuelto orgullosos, confiando en sus propias obras en vez de una relación continua con el Padre.

En un sentido, es una trampa en la que todos podemos caer. Muchos de esos fariseos probablemente tenían un deseo sincero de conocer y servir a Dios, y por eso practicaban las disciplinas que supuestamente debían acercarles a Dios. Sin embargo, al final, las obras mismas llegaron a ser más importantes que el Señor, y fue entonces cuando se metieron en problemas.

Del mismo modo, nosotros podríamos ser tentados a escoger los actos de devoción en lugar de una vida impredecible de servicio al Dios Todopoderoso. Después de todo, una relación viva y activa con el Señor hizo que Abraham dejara su casa y su familia en Ur de los caldeos para asentarse en Canaán; hizo que Moisés confrontara al faraón y guiara a los israelitas a la Tierra Prometida; inspiró a David a desafiar al gigante Goliat y edificar el reino de Israel; y movió a Nehemías a reconstruir los muros de Jerusalén. Verdaderamente, es mucho más fácil y más cómodo vivir según un conjunto de reglas y estipulaciones que conocer verdaderamente al Padre y obedecerle (Mateo 7. 21–23). Sin embargo, no es de ningún modo igual de gratificante, y finalmente nos esclaviza terriblemente.

Tristemente, los escribas y fariseos estaban destruyendo las vidas de las personas con su ejemplo, enseñándoles que guardar cada punto y cada tilde de la ley era la única manera de llegar a Dios, en lugar de demostrar la justicia, misericordia y fidelidad inherentes en los mandamientos de Él. Las personas no solo estaban desanimadas, sino que tampoco podían experimentar la amorosa relación con el Señor que tanto anhelaban tener.

Eso no era lo que el Salvador quería para ellos, ni tampoco lo que desea para nosotros. Por ser *totalmente Dios*, Jesús nos enseña cuál es la actitud apropiada en su presencia: debemos buscarlo en privado, de forma humilde, sincera y obediente, como hijos muy amados, sin pensar en lo que los demás puedan decir.

Y por ser *totalmente hombre*, Jesús nos libera de las cargas de la religión que son difíciles de llevar. No tenemos que rogar su atención ni hacer un espectáculo. El Salvador quiere que nos acerquemos a Él sin temor porque nos ama y nos acepta tal como somos.

Por tanto, Él nos enseña a orar en lo secreto y ser sinceros: diciéndole a Él exactamente lo que sentimos, sin fingimiento, sin grandes palabras, sin grandes demostraciones de lo espirituales que somos o de lo mucho que conocemos la Biblia. No tenemos que impresionar a Dios porque Él ya nos ama y sabe exactamente lo que necesitamos. No le estamos informando de nada. Tan solo nos pide la oportunidad de revelarse a nuestro corazón sincero y abierto.

> *No tenemos que impresionar a Dios porque Él ya nos ama y sabe lo que necesitamos. Tan solo nos pide un corazón sincero y abierto.*

Por consiguiente, haríamos bien en someter a prueba nuestros motivos cuando nos acercamos a Él. Debemos considerar las siguientes preguntas, pidiendo al Padre que revele cualquier área en la que no seamos del todo sinceros en cuanto a conocerlo:

- ¿Oramos para convencer a otros de nuestra piedad?

- ¿Les hablamos a otros acerca de nuestro tiempo a solas con Dios para parecer más espiritualmente maduros?

- ¿Vemos la intercesión como un ritual que realizamos para aplacar al Señor o ganarnos la entrada al cielo?

- ¿Se han vuelto nuestras oraciones rutinarias y basadas en fórmulas, algo que simplemente hacemos para terminar cuanto antes?

- ¿Oramos porque hay cosas que queremos que el Padre nos dé? ¿O acudimos a su trono de gracia para conocerlo?

- ¿Es nuestra relación con el Padre más importante que las cosas que le pedimos que nos dé?

- ¿Usamos palabras repetitivas con la esperanza de ser oídos o de que Dios nos conceda nuestras peticiones?

- ¿Estamos intentando convencer al Señor de que haga las cosas a nuestra manera? ¿O estamos interesados genuinamente en cómo quiere Él que vivamos?

Recuerde: «DIOS RESISTE A LOS SOBERBIOS, Y DA GRACIA A LOS HUMILDES. Someteos, pues, a Dios... Humillaos delante del Señor, y él os exaltará» (Santiago 4.6, 7, 10). Por tanto, acérquese siempre al Padre de manera sincera y respetuosa, confiando en que su amor y aceptación es lo mejor que podrá usted recibir jamás.

Repetir o no repetir

Antes de pasar al modelo de comunicación del Señor, hay tres cosas que me gustaría aclarar con respecto a la enseñanza de Jesús acerca de la oración repetitiva. Él dijo: «Y orando, no uséis vanas repeticiones, como los gentiles» (Mateo 6.7).

En primer lugar, esto no significa que nunca podamos repetir nuestras peticiones al Padre.

Por el contrario, Jesús enseñó que la persistencia es importante y «sobre la necesidad de orar siempre, y no desmayar» (Lucas 18.1). A veces tenemos que ser tenaces en nuestras peticiones, especialmente si se trata de la salvación de seres queridos. Dios usa esas peticiones para enseñarnos a estar pendientes de su actividad y sus oportunidades.

En segundo lugar, la repetición sin sentido de la que habló Jesús no significa que no podamos decir las mismas palabras más de una vez.

Mateo 26 nos dice que en el huerto de Getsemaní, Cristo oró diciendo: «Padre mío, si es posible, pase de mí esta copa; pero no sea como yo quiero, sino como tú» (v. 39). El versículo 42 dice: «Otra vez fue, y oró por segunda vez, diciendo: Padre mío, si no puede pasar de mí esta copa sin que yo la beba, hágase tu voluntad». Y el versículo 44 dice esto: «Y dejándolos, se fue de nuevo, y oró por tercera vez, diciendo las mismas palabras».

A menudo puede que le pidamos al Padre lo mismo. Quizá haya noches en que no podemos dormir y en las que solo sabemos clamar: «Dios, ayúdame a saber qué hacer». O quizá haya veces en que tenemos miedo, y recitamos el Salmo 23 o algún otro pasaje de la Escritura que consuele nuestro corazón. No hay nada de malo en eso.

Más bien, de lo que Jesús estaba hablando era de una costumbre pagana común que consistía en una continua reiteración de cantinelas que no significaban nada para quienes las decían. Balbuceaban de esa manera para aumentar las probabilidades de que sus dioses respondieran a sus peticiones. Pero piense en esto: si lo que le está diciendo a Dios no expresa lo que hay en su corazón o no le ayuda a acercarse más a Él, ¿de qué vale?

En tercer lugar, el patrón que Jesús nos enseña para hablar con nuestro Padre celestial es solo eso: un modelo de conversación.

No es una invocación mágica o algo que debemos repetir y repetir sin pen-

> *Si lo que le está diciendo a Dios no expresa lo que hay en su corazón o no le ayuda a acercarse más a Él, ¿de qué vale?*

sar en ello. Jesús nos da esta oración para que nos sintamos cómodos al relacionarnos con Dios y dirigirnos a Él de la forma apropiada. Decirlo sin pensar sería participar de la vana repetición contra la que habló Jesús.

PADRE NUESTRO QUE ESTÁS EN LOS CIELOS

Así, al llegar al modelo que Cristo tiene para nuestra interacción con Dios, Él comienza diciendo: «Vosotros, pues, oraréis así: Padre nuestro que estás en los cielos» (Mateo 6.9). Qué declaración tan increíble: Jesús, Dios encarnado, nos enseña a llamar a Dios *Padre*. El Señor de toda la creación quiere que usted y yo seamos sus hijos y tengamos una relación muy especial con Él.

¡Dios desea que lo llamemos Padre*!*

Siendo *totalmente Dios*, Jesús expresa la intención de Dios: Él quiere este nivel de intimidad con usted y conmigo. Él quiere ser nuestro tierno Padre celestial que nos ama, enseña y provee fielmente para nuestras necesidades; y siendo *totalmente hombre*, Jesús entiende lo absolutamente vital que es para nosotros que podamos confiar en el Padre como un hijo que confía en su fuerte, sabio y buen papá.

Pero quizá esta idea sea algo rara para usted. Si es así, no es el único. Es un concepto ajeno para muchas personas, y de hecho, fue una visión revolucionaria para los judíos en tiempos de Jesús. En el Antiguo Testamento, se hace referencia al Señor como «Padre» solo quince veces, e incluso esas pocas veces son principalmente con respecto a la nación de Israel.

Sin embargo, Jesús sistemáticamente llamó a Dios «Padre», dando a entender la relación que quería que tuviéramos con Él. Juan 1.12 afirma: «Mas a todos los que lo recibieron, a los que creen en su nombre, les dio potestad de ser hechos hijos de Dios». También Gálatas 3.26 nos dice: «pues todos sois hijos de Dios por la fe en Cristo Jesús».

Pero quizá la palabra «padre» tenga connotaciones negativas que usted prefiere no considerar, y no le agrada la idea de usarla para referirse a Dios. Esto ocurre con frecuencia cuando un papá es abusivo o ausente, y algunas personas pueden tardar años en recuperarse de lo que experimentaron durante su infancia.

O quizá tuvo usted un buen papá y no le cuesta llamar al Señor «Padre», pero por alguna razón siente que su relación con Él no es todo lo que podría ser. Se dé cuenta o no, su padre terrenal puede tener algo que ver con las barreras que usted tiene para conocer a Dios.

La verdad es que nuestra comprensión del Señor es afectada directamente por cómo nos relacionamos con nuestro padre terrenal. Incluso quienes se han criado con buenos padres pueden de manera subconsciente atribuir las limitaciones, fallas y fracasos de sus padres a Dios. Esto se debe a que nuestra primera conciencia de autoridad, amor, provisión y seguridad viene de nuestros padres. Es natural que la manera en que les percibimos a ellos influya en cómo vemos todas nuestras relaciones, incluyendo la que tenemos con el Señor.

Dios como mi Padre

Como le dije anteriormente, mi padre, Charles Stanley, falleció en 1933 cuando yo solo tenía nueve meses de edad, y su pérdida me afectó en gran manera. Sin saberlo, comencé la vida sintiéndome abandonado por una persona de gran valor para mí a quien nunca conocí. A pesar de lo ferviente y atenta que era, la presencia de mi madre no podía reemplazar la mano firme del padre que no tuve para guiarme. Había venido a este mundo sin un punto de referencia. Nunca tendría la versión adulta y más sabia de mí en la cual buscar conocimiento, dirección o estímulo. Tendría que caminar solo y descubrirlo por mí mismo.

Gracias a Dios, mi madre era una creyente fiel en su asistencia a la iglesia. Cada domingo en la mañana, el otro par de pantalones que yo tenía estaba perfectamente doblado y listo para el corto camino a la iglesia y la escuela dominical. En la iglesia, me decían que Dios me amaba y que Él era mi Padre celestial. Yo creía esas palabras del pastor, pero siempre salía sintiéndome igual: solo y vulnerable.

Pero mi madre estaba convencida del amor del Señor y de su presencia paternal, y cada noche antes de irme a la cama nos arrodillábamos y hablábamos con el Padre como si realmente Él de verdad estuviera interesado en los detalles de nuestra vida. Aprendí a hablar con el Señor antes incluso de creer en Él escuchando a mi madre derramar su corazón y hacer las peticiones que esperaba que Dios oyera y respondiera. Además, llegué al convencimiento de su existencia cuando nuestras oraciones realmente eran contestadas de formas inexplicables.

Más adelante en la vida se me ocurrió que, a su manera, mi madre me estaba presentando a la única Persona que podría reemplazar al padre que nunca tuve. En contraste con su fe, yo no estaba seguro de querer conocer a ese Dios que nos había quitado tan pronto el amor de su vida y el padre que yo desesperadamente anhelaba. No estaba convencido de poder confiar en el Señor, de quien mi madre había dependido para cada moneda que gastamos para pagar todos los sótanos y habitaciones rentadas a los que finalmente llamamos hogar. A pesar de mis dudas que estaban alimentadas por un hambre insaciable de algo a lo que no podía poner nombre, el Dios de la Biblia de mi madre que afirmaba que *nada* podía separarme de su amor, ese Dios, había comenzado una persecución implacable de mi corazón que no terminaría hasta el día que le entregué mi vida.

• • •

¿Quién es este Padre Dios que nos persigue y quiere tener una relación con nosotros? Como hemos visto, en la Biblia Dios se ha dado a sí mismo muchos nombres para que podamos descubrir quién es Él, cuál es su carácter y cuáles son sus intenciones para con nosotros.

Por ejemplo, aprendimos en el capítulo 2 que Dios se llama *Elohim*, que significa «Creador, Guardador, aquel que es Poderoso y Fuerte». *Elohim* revela nuestro origen con la seguridad de que el Padre puede sostenernos y protegernos. De igual forma, hemos dicho que se llama *Yahvé*, el que existe por sí mismo, porque Él siempre ha sido y siempre será. El nombre *Yahvé* nos asegura que Él nunca nos dejará ni nos abandonará.

En el Salmo 71 se le llama *Kadosh*, que significa «Santo». Como Dios es santo, no puede pecar, y por tanto nunca dañará a su creación. Podemos estar tranquilos sabiendo que Él siempre nos ama como corresponde.

En el libro de Job se le llama *El Shadddai*, el «todosuficiente y todopoderoso Dios». Con el Padre tenemos todo lo que necesitamos si acudimos a Él para que supla nuestras necesidades y confiamos en sus métodos y en su tiempo.

Hay muchos más nombres para referirse al Señor, porque como ocurre con usted y conmigo, su personalidad tiene muchas facetas. Sin embargo, mi nombre favorito para Dios está en el Salmo 68.5. Se le llama «padre de los huérfanos y defensor de las viudas» (NVI). Como he dicho, no sé cómo se siente usted al llamar Padre a Dios, pero sé que mi madre y yo nos aferramos a ese versículo muchas noches al arrodillarnos junto a mi cama y orar para que Él proveyera para nuestras necesidades, ya fuese otro lugar para vivir o un nuevo par de zapatos para un niño en sus años de crecimiento. ¿Y sabe algo? Él no falló en respondernos ni una sola vez.

Sé que quizá esté pensando: «Yo no estoy interesado en tener otro padre. Aún estoy intentando recuperarme del que tuve». Sin embargo, al igual que yo, usted nació sin ser consciente de Alguien de mucho valor para usted. Fue usted creado a su imagen pero la muerte le separaba de Él. Y no era la muerte de Dios, sino la suya. Efesios 2.1 (NVI) dice: «En otro tiempo ustedes estaban muertos en sus transgresiones y pecados». Todos nacemos espiritualmente muertos, separados de Dios. Nos guste o no, todos somos miembros de una raza que ofendió a Dios cuyo nombre es también el Juez Justo.

Juez: esa es una imagen con la que muchos de nosotros crecimos; pero Dios es también nuestro Redentor. Job dice: «Yo sé que mi Redentor vive» (Job 19:25). La palabra *redentor* significa «comprar nuevamente pagando un precio». Entonces ¿qué hizo nuestro Padre celestial, el Juez Justo por nosotros? Juan 3.16 lo expresa muy bien: «Porque de tal manera amó Dios al mundo, que ha dado a su Hijo unigénito, para que todo aquel que en él cree, no se pierda, mas tenga vida eterna».

Estábamos dirigiéndonos a la separación eterna del Señor y no había nada que pudiéramos hacer para salvarnos. Así que Dios envió a su Hijo Jesucristo, para lograr dos objetivos. El primero era enseñarnos cómo es Dios, para que pudiéramos conocerlo y por tanto poner en Él nuestra confianza. Segundo, aunque igual de importante, Cristo fue enviado a morir en nuestro lugar para que pudiéramos pasar la eternidad con Él en el cielo y no volver a separarnos nunca más de Él.

Estábamos en un serio aprieto y el Señor hizo un plan para salvarnos. ¿Qué padre permitiría que sus hijos continuaran en un lugar peligroso teniendo los medios y los recursos para rescatarlos? Nunca entendí por qué Dios quiso salvarme hasta que tuve mis propios hijos.

Cuando nuestros hijos aún eran muy pequeños, llenábamos nuestra caravana todos los veranos y nos íbamos a la playa impoluta y aún sin desarrollar de Naples, Florida. Era un viaje que yo esperaba durante todo el año porque significaba dos ansiadas semanas a solas con mi familia. No había nada que disfrutara más que estar con mis hijos. No importaba lo que hiciéramos, tan solo importaba que lo estábamos haciendo juntos.

Lo que más disfrutaba de estar con ellos era nuestras

conversaciones. Yo escuchaba con gran interés sus ideas y reacciones, y pensaba muy detalladamente en mis comentarios para que la conversación siguiera siendo espontánea. En el transcurso del día, ya fuera que estuviese poniendo el cebo en el anzuelo de la caña de pescar de mi hijo o admirando la perfecta concha de mar que había encontrado mi hija, yo hablaba adrede con ellos de mi relación con Dios y de cómo Él estaba interesado en tener una relación también con ellos. Lo que más quería darles en este mundo, no podía dárselo. Solo podía presentarles a Dios y esperar que un día ellos también decidieran buscarlo y conocerlo como lo hice yo.

Un día aparecieron algunas nubes oscuras cuando la marea comenzaba a inundar el foso del castillo de arena que construimos en la mañana. Comencé a asegurar nuestro campamento al ver que el viento hacía chocar los cocos en las palmeras que teníamos sobre nosotros. Sin estar consciente de la inminente tormenta, mi hija caminaba por la playa buscando conchas raras para su colección cada vez mayor.

A medida que el agua devoraba lo que quedaba del castillo, yo echaba un vistazo a los alrededores buscando a los niños. Mi hijo estaba doblando las sillas plegables y metiéndolas debajo de la casa-remolque, pero mi hija no se veía por ningún lado. Durante varios minutos horribles no pude encontrarla ni saber con seguridad si podía oír mi voz llamándola. Corrí lo más rápido que pude en la dirección que pensaba que ella se había ido mientras mi hijo esperaba cerca de la casa-remolque por si aparecía.

¿Y si alguien había salido del bosque y se la había llevado? Nunca me lo perdonaría, y en silencio le rogaba a Dios que la salvara. Todo el cielo estaba gris cuando de repente llegué a un hoyo muy profundo en la arena. El agua estaba entrando en él, pero rápidamente era desviada por mi resuelta niñita que estaba cavando enérgicamente para encontrar esa concha especial que había visto en el fondo.

Aliviado, salté dentro del hoyo y la ayudé a cavar hasta que sacamos la concha. Ella no tenía ni idea del terror que había provocado o del posible peligro en que se encontraba. En cambio, se alegró por mi entusiasta ayuda para encontrar la preciosa concha, y la saqué del hoyo y la llevé de vuelta a la casa-remolque justamente antes de que comenzara a llover a raudales.

Mientras descansaba en la cama esa noche, luchaba por deshacerme del temor que me consumía mientras buscaba a mi única hija. Le di gracias a Dios una y otra vez por permitirme encontrarla y porque no le había pasado nada. No necesitaba ninguna excusa para mi extrema gratitud y amor por ella. Era mi niña y la amaba más que a mi propia vida desde el día en que nació.

Así es como el Padre nos ama, pero más aun. Él nos creó y decidió amarnos, y punto. Cuando Adán desobedeció el único mandamiento del Señor en el huerto del Edén y distanció a la humanidad de Él, Dios envió a su único Hijo para explicar quién es Él, y para salvarnos de nuestra situación: condenados y con necesidad de un Salvador.

Isaías 63.16 nos dice: «tú, oh Jehová, eres nuestro padre; nuestro Redentor perpetuo es tu nombre». Y de todos los nombres y atributos de Dios, mi favorito es *Padre*, porque al igual que yo con mis hijos, Él quiere protegernos y construir una relación con nosotros para que podamos conocerlo. Porque si realmente llegamos a conocerlo, confiaremos en Él; y si confiamos en Él, lo amaremos más; y si lo amamos, lo obedeceremos, y eso siempre obra para nuestro bien.

Ya siendo bien adulto, luché con el concepto de que Dios es mi Padre, de sentir su amor y de entender cómo quería Él relacionarse conmigo. Al no haber conocido nunca a mi propio padre, supongo que crecí con un agujero bastante grande en mi corazón. Pude haberlo llenado con muchas cosas que me hubieran destruido o al menos me hubieran distraído del plan de Dios para mi vida. Pero no lo hice, y hay solo una razón: la insistencia de mi madre en orar conmigo cada noche me enseñó una lección muy valiosa que ni siquiera sabía que estaba aprendiendo.

Pasar tiempo a solas a solas con Dios en oración, de manera constante y delibrada, no es una opción en la vida cristiana. Nada es más importante que eso, nada puede conseguir más que eso y no hay manera de tener una relación auténtica y significativa con Dios sin eso. Cuando me fui de casa, mi madre no tenía muchas cosas que darme; sin embargo, me dio todo lo que necesitaba: una vida de oración que se había convertido en una segunda naturaleza y una fe basada en respuestas reales a la oración de un Dios real que cuida de mí. Mi esperanza es presentar a cada persona que pueda a ese mismo Padre celestial como mi madre hizo conmigo.

> *Dios es absolutamente fiel para mostrarnos qué tipo de relación desea tener con cada uno de sus hijos. Él puede mostrárselo también a usted.*

Con esto en mente, le puedo asegurar esto: Dios es absolutamente fiel para mostrarnos qué tipo de relación desea tener con cada uno de sus hijos. Él puede mostrárselo también a usted.

¿Qué podemos esperar usted y yo del Señor como nuestro Padre celestial?

Relación

Dios quiere tener un vínculo incesante e íntimo con nosotros, y ha hecho mucho para proporcionárnoslo (Romanos 8.31–33). Nuestros papás terrenales pueden rechazarnos y causarnos mucho dolor, pero Dios no. Él siempre tiene tiempo para nosotros (Hebreos 4.16), nunca nos dejará ni nos abandonará (Hebreos 13.5), y nos acepta siempre (Romanos 15.7). También, es posible que nos sintamos incompetentes o faltos de preparación para tener una relación abierta y amorosa con el Padre debido a nuestro pasado, pero recuerde: Aquel que le salva puede enseñarle a relacionarse con Él. Dios le enseñará cómo andar con Él paso a paso (Salmo 25.4, 5).

Amor incondicional

Aunque los padres pueden a veces hacernos sentir que debemos ganarnos su aprobación cumpliendo ciertas normas de conducta, desempeño, belleza o inteligencia, Dios nos recibe tal como somos (Mateo 9.12, 13). Él no nos compara con nadie y nada puede separarnos de su amor (Romanos 8.37–39). Podemos ser transparentes con Él porque sabemos que nunca lo perderemos (1 Juan 4.15–19). Si su capacidad para recibir el amor incondicional del Padre ha sido dañada por su pasado, hay sanidad para usted. Él ve sus heridas y tiene un plan para restaurarle (Juan 15.9–10). Confíe en Él.

Comunicación

Como ya hemos visto, el Padre quiere comunicarse con nosotros. Quiere revelarse a sí mismo, enseñarnos a amarlo y obedecerlo y mostrarnos el camino hacia la vida en su máximo potencial (Jeremías 29.11–13). Cuando Él nos disciplina, sabemos que es por nuestro bien: para protegernos del mal y madurar nuestra fe (Hebreos 12.7–11). Cuando anhelamos consuelo, seguridad y esperanza, Él restaura nuestra alma (Salmo 23); y cuando necesitamos guía, siempre nos ayuda a hacer lo correcto (Proverbios 3.5, 6). La mejor parte es que siempre podemos confiar en lo que Él nos dice porque nunca ha dejado de cumplir su palabra (Josué 21.45). Quizá nuestros padres nos hayan malentendido y marginado, pero nadie nos comprende mejor que nuestro Padre celestial, que conoce cada aspecto y detalle de nuestra vida (Salmo 139).

Provisión

Esta es otra área en que los padres terrenales quizá han podido fallar y hacernos dudar de Dios. Quizá su familia era muy pobre, como era la mía, y a veces se preguntaba cómo conseguirían la próxima comida. O quizá sus padres tenían un buen sueldo y le dieron todos sus caprichos, pero lo que más deseaba usted era su tiempo y su amor. Cabe también la posibilidad de que su papá estuviera ausente de algún modo y usted sintiera constantemente una falta de seguridad y valía propia. Jesús nos asegura: «porque vuestro Padre sabe de qué cosas tenéis necesidad, antes que vosotros le pidáis»

(Mateo 6.8). Dios ya conoce cada área de nuestras vidas que necesita su toque (Filipenses 4.19). Él puede satisfacer cualquier necesidad física, emocional y espiritual que tengamos, y asume toda la responsabilidad de nuestras necesidades cuando lo obedecemos (Mateo 6.25, 26).

Estas descripciones son breves, y si usted está luchando para ver a Dios como su Padre, ellas son solo un punto de partida para usted. El Señor no tiene ninguna de las fallas o fragilidades de su padre terrenal: Él es perfecto en todo, incluyendo cómo le ama.

Mientras que usted siga manteniendo la conversación suprema con Él, estoy seguro de que Dios no solo le mostrará la verdad acerca de su carácter y se interesará por usted como su Padre celestial, sino que también sanará cualquier herida que usted siga teniendo de su infancia. Sin embargo, debe estar dispuesto a tratar las áreas que Él le muestre y confiar en que Él vendará cualquier herida y quebrantamiento que usted sienta. Esto exige vulnerabilidad y valor, pero cobre ánimo, pues nunca es tarde para que Dios trabaje en su vida. No permita nunca que el temor se interponga en el camino de lo que Él quiere lograr en usted.

> *El Señor no tiene ninguna de las fallas o fragilidades de su padre terrenal: Él es perfecto en todo, incluyendo cómo le ama.*

UN PRINCIPIO ANTES DE SEGUIR ADELANTE

Seguiremos hablando del patrón para la conversación suprema que Jesús nos enseñó en el capítulo 6; pero antes de comenzar, le animo a que no subestime la influencia que sus padres tuvieron en su vida, independientemente de que estuvieran presentes o no. Es tremendamente importante que usted piense en esto, porque puede afectar de manera poderosa su modo de ver a Dios y la vida en general.

Recuerdo a un joven excelente al que tuve el privilegio de conocer. Tenía un gran talento, dones y buen parecido. Parecía como si todo le iba bien. Pero un día vino a mi oficina y se sentó, relatando algunas de las dificultades que tenía. Yo escuchaba mientras él me contaba sus luchas.

Finalmente le dije: «¿Por qué no intentamos encontrar la raíz de lo que está ocurriendo aquí?». Él accedió, así que le hice varias preguntas sobre su pasado, y finalmente me contó una historia descorazonadora.

Cuando este joven tenía unos nueve años, estaba en su dormitorio y escuchó sus padres discutir en la habitación contigua. En medio de su riña, les oyó hablar sobre su futuro y lo que sentían con respecto a él. Quedó devastado al oír lo que ellos decían.

Fue entonces cuando escuchó la terrible frase que finalmente afectaría al resto de su vida: «¿Por qué me tengo que preocupar por él? ¡Yo nunca quise tenerlo!».

Aún recuerdo cómo sus ojos se llenaron de lágrimas al repetirlo. «¿Por qué tengo que preocuparme por él? ¡Yo nunca quise tenerlo!». Seguro que usted y yo podemos imaginar lo doloroso que fue para un niño escuchar eso precisamente de las personas que se suponía debían apoyarlo y quererlo.

Ese hecho marcó la manera en que este hombre se relacionaba en cada área de su vida desde entonces. Anhelaba sentir que era *alguien*. Pedía a gritos ser aceptado, demostrar que era digno de que alguien lo amara; y cada objetivo que se marcaba (universidad, seminario, una familia, un pastorado) era para poder llenar ese vacío tan terrible que había en su vida. Pero nada de eso lo logró.

Me gustaría poder decir que acudió a Dios y encontró libertad de ese rechazo, pero no puedo. Él no estuvo dispuesto a permitir que el Señor tratara ese lugar tan doloroso de su vida. En su interior, se creyó la mentira del enemigo de que el Padre tampoco estaba interesado en él, que Dios mismo estaba diciendo: «¿Por qué me tengo que preocupar por él? ¡Yo nunca quise tenerlo!».

Así que rechazó lo que el Señor estaba haciendo en su vida; y sin la ayuda de Dios, nunca pudo hacer que esas palabras dejaran de retumbar en sus oídos. Así que vivió con ese terrible mensaje cada día de su vida: «¿Por qué me tengo que preocupar por él? ¡Yo nunca quise tenerlo!».

Varios años después, tras una serie de sucesos terribles,

este joven brillante y talentoso se quitó la vida. Se me parte el corazón cada vez que pienso en él.

Cada uno de nosotros tiene una biblioteca en su mente de lo que ha visto, sentido y oído a lo largo de su vida. Esos recuerdos y sucesos afectan nuestra manera de responder ante situaciones y circunstancias, ya sea que nos demos cuenta o no.

Uno de mis primeros recuerdos es de cuando tenía dos o tres años. Recuerdo que estaba sentado sobre una cama en una habitación con paredes antiguas de madera y una lámpara de queroseno. Estaba oscuro y lloraba porque me dolía un oído y no había nadie que se ocupara de mí, ya que mi madre estaba trabajando. Estar solo a esa temprana edad me hizo ser una persona miedosa e insegura. Ocho décadas después, aún recuerdo claramente esa experiencia, y puedo ver cómo ha influido en mi vida y en mi ministerio.

¿Qué acontecimientos y frases recuerda usted? ¿Qué palabras y recuerdos influyen en su manera de vivir? Quizá haya pasado por algunas pruebas muy difíciles y las haya superado con éxito. Sin embargo, no debería subestimar nunca el daño que pueden haber producido. Es imposible que olvide los problemas que tuvo en su juventud, ya que seguirán saliendo a la superficie por mucho que intente usted expulsarlos de su mente.

Hay tres sentimientos que son absolutamente esenciales para una correcta autoimagen: los sentimientos de *acepta-*

ción, *valía* y *competencia*. De modo subconsciente, siempre estamos guardando evidencia de estas tres facetas, buscando si realmente somos o no parte de algo importante, valiosos para otros y capaces de tener éxito. Tristemente, los recuerdos destructivos de nuestra infancia tienden a resurgir y contradecir que somos aceptados, que valemos, y que somos competentes, a menos que renovemos nuestra mente con la verdad de Dios.

Usted es aceptado

Por tanto, lo primero que le preguntaré es: ¿Encajaba usted de niño? ¿Le pusieron motes terribles o le aislaron de otros? ¿Le hicieron sentir que nadie le amaba o le quería?

Hay tres sentimientos que son absolutamente esenciales para una correcta autoimagen: los sentimientos de aceptación, valía y competencia.

Entonces purifique su mente con esta verdad: el Padre dice que usted es *aceptado* en su familia. Romanos 8.15, 16 promete: «Pues no habéis recibido el espíritu de esclavitud para estar otra vez en temor, sino que habéis recibido el espíritu de adopción, por el cual clamamos: ¡Abba, Padre! El Espíritu mismo da testimonio a nuestro espíritu, de que somos hijos de Dios». Usted es una parte importante integral de la familia de Él: el Cuerpo de Cristo. Usted es deseado, amado y necesario.

El cielo entero se regocija porque usted estará con el Padre por toda la eternidad (Lucas 15.7, 10). Nada puede arrebatarle de la mano de Él ni separarle de su amor (Juan 10.28, 29; Romanos 8.38, 39). Esto es lo primero que debe entender si desea superar las dificultades de su infancia.

Usted es valioso

En segundo lugar, ¿ocurrió algo en su juventud que le hizo avergonzarse o sentirse sin valor? ¿Le compararon con otros cuando crecía, sintiendo que nunca estaba a la altura de las normas de otros? ¿Se avergonzaba de su aspecto, inteligencia o habilidades? ¿Temía que nadie le querría o respetaría algún día?

Entonces, debe renovar su mente con esta verdad: usted es totalmente valioso para Dios. El Señor lo sacrificó *todo* para tener una relación con usted, incluyendo morir en la cruz del Calvario (Juan 3.16; Romanos 8.31, 32; Filipenses 2.5–8). Romanos 5.8 lo confirma: «Mas Dios muestra su amor para con nosotros, en que siendo aún pecadores, Cristo murió por nosotros». Incluso cuando usted era incapaz de hacer nada para agradar al Padre, Él le amó incondicionalmente. Por tanto, Él se interesa por lo que usted *es*, y no por lo que *hace*.

El Señor es el único con una visión ilimitada de quién es usted por dentro; y a sus ojos, usted es «una creación admirable» (Salmo 139.14 NVI): absolutamente digno de ser amado y valioso. Por tanto, deseche los mensajes negativos de su infancia y acepte esta verdad.

Usted es competente

Finalmente, ¿alguna vez le han hecho sentirse inepto o inútil? ¿Alguna vez no fue usted tras una meta porque le dijeron que no podía tener éxito? Quizá hubo algunos objetivos importantes que no logró conseguir en su vida. ¿Se rieron otros de usted o le hicieron sentirse deficiente, incompetente o incapaz?

> *A sus ojos, usted es una creación admirable: absolutamente digno de ser amado y valioso.*

Entonces es importante que memorice este versículo y se recuerde a usted mismo esta promesa todos los días: «Todo lo puedo en Cristo que me fortalece» (Filipenses 4.13).

El Señor promete ayudarle a tener éxito en cualquier tarea que Él le asigne, y se responsabiliza totalmente de darle toda la sabiduría y el poder que usted necesite si obedece. ¿Cómo hace Él eso? ¿Cómo le capacita Dios para hacer todas las cosas que le ha llamado a alcanzar?

Cuando acepta a Jesús como su Salvador, su Espíritu Santo llega para habitar dentro de usted (1 Corintios 3.16). Él es quien le capacita fielmente para terminar las tareas que el Señor ha planeado para su vida (Hebreos 13.20, 21).

Por tanto, piense a menudo en esta maravillosa verdad: «Porque Dios es el que en vosotros produce así el querer como el hacer, por su buena voluntad» (Filipenses 2.13). El omnipotente, omnisciente, omnipresente Señor de la creación es quien le hace competente y le capacita para que logre cosas extraordinarias (Marcos 10.27). Como dijo Jesús: «si tuviereis fe como un grano de mostaza, diréis a este monte: Pásate de aquí allá, y se pasará; y nada os será imposible» (Mateo 17.20).

Por eso no importan los problemas u obstáculos que surjan en su vida, ya que puede tener la confianza de que tendrá éxito porque Él está con usted. Lo único que tiene que hacer es obedecer a Dios y dejarle a Él las consecuencias, estando seguro de que Él nunca le llevará por mal camino.

Lleve sus heridas y temores al Padre: háblele de ellos, escúchelo y permita que Él le sane.

TOME LA DECISIÓN

Por tanto, piense: ¿Pasará por esta vida inutilizado por el pasado e incapaz de disfrutar de la conversación suprema con su Padre celestial? ¿O creerá lo que Él dice acerca de usted: que le pertenece y es tanto digno como competente? Esos mensajes negativos de su infancia le afectarán todos los días a menos que permita que Dios se encargue de ellos.

No les permita obstaculizar su relación con Él durante más tiempo. Lleve sus heridas y temores al Padre: háblele de ellos, escúchelo y permita que Él le sane.

Tome la decisión hoy. Cuando esos recuerdos de su juventud surjan en su vida, mi oración es que usted reconozca que existen y los confronte con la verdad de las Escrituras. Pida el perdón del Señor por permitir que esas mentiras le gobiernen, y decida creer lo que Él dice acerca de usted. Usted puede superar las cosas ofensivas que otros le han dicho, aceptando el hecho de que el Dios Todopoderoso le quiere, le ama y le acepta. No espere más tiempo. Acepte la verdad que le hace libre.

Padre, estamos muy agradecidos por Jesús: tu presencia amorosa con nosotros. Y gracias por el ejemplo de oración y comunión íntima que nos has dado en Mateo 6: de apartar tiempo para estar a solas contigo, poder cerrar la puerta a todas las distracciones de la vida, y adorarte como nuestro bendito Salvador y Señor. Ayúdanos a acudir siempre ante ti con un corazón abierto y dispuesto, con humildad, sinceridad y obediencia.

Hoy oro especialmente por la persona que tenga dificultades para llamarte Padre o que lleve las heridas de una infancia difícil y dolorosa. Señor Dios, tú conoces las cargas que lleva esta querida persona. Oro para que libres a esta persona de las experiencias dolorosas de su juventud, contrarrestando las mentiras del enemigo con el testimonio del Espíritu Santo y la verdad de tu Palabra.

Ayuda, por favor, a todos tus hijos a entender que te pertenecen, que para ti son dignos, y que tú les haces ser competentes. Padre, quita todas las barreras que tenemos que nos impiden conocerte y experimentar la conversación suprema contigo.

Gracias por venir a liberar a los cautivos y por redimirnos de nuestra esclavitud al pecado. Estamos muy agradecidos porque tú oyes nuestras oraciones, Señor Dios. Verdaderamente, eres digno de toda nuestra alabanza.

Oro en el precioso nombre de Jesús. Amén.

6

SOLAMENTE PIDA

Lo que Jesús nos enseñó a pedir

Si Dios sabe lo que usted y yo necesitamos antes de pedirle, y si Él responde a nuestras peticiones conforme a su voluntad, entonces ¿por qué razón debemos orar? ¿Por qué debemos pasar tiempo hablando con el Padre si Él ya ha decidido lo que quiere hacer?

Estas son preguntas que oigo frecuentemente cuando hablo con la gente. De hecho, hace poco tiempo recibí un correo electrónico de una telespectadora que en verdad luchaba con la idea de por qué la oración es importante para nuestras vidas. Contaba que había visto a muchas personas interceder por sus seres queridos que estaban a punto de morir, y al final terminaron perdiéndolos de igual manera. Reconocía que Dios es soberano y que sus planes siempre suceden. Pero si no podemos hacer que Él cambie de opinión, ¿cuál es el beneficio de llevarle nuestras peticiones?

Me imagino que la razón por la que la mayoría de las

personas oran, es para pedir y recibir algo de Dios. Sin embargo, ¿cuál es el objetivo del Señor en su relación con nosotros? ¿Por qué nos llama a su presencia?

Para responder esto, debemos recordar lo que Él le dijo a Israel: «Y amarás a Jehová tu Dios de todo tu corazón, y de toda tu alma, y con todas tus fuerzas» (Deuteronomio 6.5). Él quiere que nosotros lo amemos, y la razón principal por la que nos dice que nos acerquemos es para profundizar nuestra íntima relación. Jesús más adelante nos dice que «este es el primer y gran mandamiento» (Mateo 22.38). Lo más importante para el Padre es fortalecer nuestro vínculo con Él y disfrutar profundamente de una comunión que nos satisface y nos transforma.

> *Nuestra primera motivación al acercarnos a Dios debería ser conocerlo.*

Por supuesto que hay otras razones. Puede que oremos buscando guía, por otras personas, consuelo, sabiduría o cualquier otra razón. El Señor sí escucha y responde nuestras peticiones, pero nuestra primera motivación al acercarnos a Dios debería ser *conocerlo*.

¿Por qué? Porque cuando pasamos tiempo con el Padre, recibimos ánimo y energía, y también maduramos espiritualmente. Sin embargo, cuando dejamos de hablarle, nuestra devoción comienza a disminuir y es entonces cuando todo se vuelve confuso.

EL PATRÓN DE CONVERSACIÓN DE JESÚS

Por tanto, pensemos en nuestra interacción con el Señor en términos de lo que Jesús nos enseñó a pedir. Recuerde: nuestro perfecto Salvador es la persona perfecta para enseñarnos cómo mantener una conversación significativa con el Padre porque Él es totalmente Dios y totalmente hombre. Él no solo demuestra cómo espera que nos dirijamos a Él, sino también nos muestra cómo orar de una forma que ministre a nuestro espíritu.

Jesús le enseña esto: «Entra en tu aposento y, cerrada la puerta, ora a tu Padre» (Mateo 6.6). Él quiere toda su atención, completa y sin distracciones, porque sabe lo importante que es para usted ser escuchado, que sus pecados sean perdonados y experimentar la renovación de su alma.

El Salvador también le enseña a buscarlo de manera privada, humilde, sincera y obediente, porque ama y acepta como usted es. Él no quiere que usted lleve las cargas de la religión, sino que disfrute plenamente de la bendición de una relación con Él.

Finalmente, el Señor le pide que lo llame *Padre*: que confíe en que Él es quien le ama, enseña y provee fielmente.

Hay algo en cada petición que nos enseña a relacionarnos con Dios y que suple nuestra necesidad de aceptación, valía y competencia.

Sin embargo, Jesús también nos dice que pidamos ciertas cosas. Y como vimos en el capítulo anterior, hay un buen propósito en todo lo que Él nos anima a hacer. Hay algo en cada petición que nos enseña a relacionarnos con Dios y que suple nuestra necesidad de aceptación, valía y competencia. En Mateo 6.9–13, entonces, el Salvador enseña:

Vosotros, pues, oraréis así:
Padre nuestro que estás en los cielos,
santificado sea tu nombre.
Venga tu reino.
Hágase tu voluntad,
como en el cielo, así también en la tierra.
El pan nuestro de cada día, dánoslo hoy.
Y perdónanos nuestras deudas, como también nosotros
perdonamos a nuestros deudores.
Y no nos metas en tentación, mas líbranos del mal.
[Porque tuyo es el reino, y el poder, y la gloria, por todos
los siglos. Amén].

SANTIFICADO SEA TU NOMBRE

Lo primero que Jesús nos enseña a pedir es que el nombre de Jesús sea santificado: que usted y yo reconozcamos y honremos a Dios como totalmente soberano y santo. Él dice: «Padre nuestro que estás en los cielos, santificado sea tu nombre» (Mateo 6.9).

Como discutimos en el capítulo 2, es crucial que resolvamos en nuestro corazón quién creemos que es Dios, porque eso afectará nuestra manera de responderle y de vivir. Nuestra visión del Señor influencia nuestra actitud al acercarnos a Él, lo que le comunicamos y si realmente esperamos Él nos responda.

Jesús nos recuerda que estamos hablando a nuestro Padre en los cielos: el soberano de todo lo que existe (Salmo 103.19). También nos recuerda cuál debe ser nuestro objetivo: santificar, o bendecir y respetar su nombre. Debemos dar al Señor honor y gloria con nuestra vida. Jesús nos enseñó: «Así alumbre vuestra luz delante de los hombres, para que vean vuestras buenas obras, y glorifiquen a vuestro Padre que está en los cielos» (Mateo 5.16).

Jesús nos ordena que le demos honor y gloria a Dios no solo porque le debemos respeto, sino porque hacerlo también nos ministra. Tenemos un Abogado Santo en el cielo que está siempre luchando por nosotros; ¡qué privilegio tan maravilloso! No tenemos motivo para sentirnos solos, desesperanzados o indefensos, porque nuestro Padre en el cielo nos escucha y ayuda.

No tenemos motivo para sentirnos solos, desesperanzados o indefensos, porque nuestro Padre en el cielo nos escucha y ayuda.

Entender esto llevó al rey David a decir:

Tuya es, oh Jehová, la magnificencia y el poder, la gloria, la victoria y el honor; porque todas las cosas que están en los cielos y en la tierra son tuyas. Tuyo, oh Jehová, es el reino, y tú eres excelso sobre todos. Las riquezas y la gloria proceden de ti, y tú dominas sobre todo; en tu mano está la fuerza y el poder, y en tu mano el hacer grande y el dar poder a todos. Ahora pues, Dios nuestro, nosotros alabamos y loamos tu glorioso nombre. Porque ¿quién soy yo, y quién es mi pueblo, para que pudiésemos ofrecer voluntariamente cosas semejantes? Pues todo es tuyo, y de lo recibido de tu mano te damos (1 Crónicas 29.11–14).

VENGA TU REINO

Después Jesús dice: «Venga tu reino. Hágase tu voluntad, como en el cielo, así también en la tierra» (Mateo 6.10). No cabe duda de que esto provocó el interés de los oyentes. A fin de cuentas, los judíos estaban esperando al Mesías, el cual creían que sería el poderoso Guerrero y Rey que les libertaría del imperio romano y les restauraría la tierra de su heredad. El gobierno romano era extremadamente opresivo, por lo que la pobreza, la esclavitud y la inmoralidad proliferaban, y los judíos ansiaban a ese Redentor que les liberaría de todo ello como los profetas habían prometido que Él haría.

Por ejemplo, Jeremías escribió:

> He aquí vienen días, dice Jehová, en que yo confirmaré la buena palabra que he hablado a la casa de Israel y a la casa de Judá. En aquellos días y en aquel tiempo haré brotar a David un Renuevo de justicia, y hará juicio y justicia en la tierra. En aquellos días Judá será salvo, y Jerusalén habitará segura, y se le llamará: Jehová, justicia nuestra. Porque así ha dicho Jehová: No faltará a David varón que se siente sobre el trono de la casa de Israel (Jeremías 33.14–17).

Debido a profecías como esta de Jeremías, los judíos creían que el Mesías regresaría con gran poder para restaurar la prosperidad y el bienestar a la nación de Israel como había hecho David (Isaías 11; Jeremías 23.1–7; Ezequiel 34.11–31; 37; Zacarías 14.1–15). Y tenían ciertas expectativas acerca de cómo sería el reino de Dios.

Sin embargo, como usted y yo sabemos, Jesús primero tenía que venir como el Siervo sufriente (Isaías 53), que sería «herido por nuestras rebeliones» y por cuya «llaga fuimos nosotros curados» (v. 6). Sí, el Señor regresará un día para cumplir todas las demás profecías acerca de Él (2 Pedro 3), pero de lo que está hablando aquí es de un dominio de Dios distinto al que ellos probablemente esperaban.

Por tanto, cuando Jesús nos dice que oremos diciendo: «Venga tu reino» (Mateo 6.10), ¿qué quiere decir? La palabra griega para «reino» aquí es *basileia*, y no necesariamente indica un lugar geográfico, sino más bien alude al reinado espiritual y eterno del Señor en nuestras vidas. Jesús afirma: «el reino de Dios está entre vosotros» (Lucas 17.21). Es nuestra confesión de que hemos decidido permitirle a Él reinar en nuestro corazón.

El Padre quiere que le dejemos guiarnos. Así como los judíos en tiempos de Jesús, tenemos ciertas ideas cuando acudimos ante Él, creencias acerca de lo que queremos que Él haga en nosotros y por medio de nosotros. Pero aquí, Dios expresa su expectativa de ser el primero en nuestra vida, de convertirse en el punto de partida de nuestros deseos, motivaciones y de cada paso que demos.

Dios expresa su expectativa de ser el primero en nuestra vida, de convertirse en el punto de partida de nuestros deseos, motivaciones y de cada paso que demos.

Por esta razón el Salvador nos dice: «Mas buscad primeramente el reino de Dios y su justicia, y todas estas cosas os serán añadidas» (Mateo 6.33). Nuestra principal ocupación debería ser buscar su voluntad y su carácter, porque entonces todo lo demás se arregla. Recuerde:

Dios asume toda la responsabilidad de nuestras necesidades cuando le obedecemos.

Poner al Señor en primer lugar exige una transformación en nuestras vidas, que no se produce de la noche a la mañana. El Padre nos lleva a todos a través del proceso de *santificación*, en el cual nos moldea a la imagen de Cristo y conforma nuestra voluntad a la suya (Romanos 8.29). Esto ocurre a lo largo de nuestra vida hasta que nos vayamos al cielo. Pero comenzamos orando: «Venga tu reino. Hágase tu voluntad», para que nuestro espíritu comience a aprender este principio. No podemos orar esto sinceramente y seguir viviendo en rebeldía.

Así, entendemos lo que el Señor espera de nosotros: Él quiere ser el primero en nuestra vida y desea guiarnos. Pero ¿cómo ministra a nuestra alma y nos ayuda en la conversación suprema el hecho de orar «venga tu reino. Hágase tu voluntad, como en el cielo, así también en la tierra»?

En primer lugar, Jesús nos dice que oremos así porque sabe lo importante que es que nosotros pertenezcamos a algo mayor que nosotros mismos, como discutimos en el capítulo anterior. Cada uno de nosotros es una parte integral y vital del reino de Dios; el Cuerpo de Cristo necesita que hagamos nuestra parte. Por tanto, es crucial que busquemos de manera activa su voluntad.

En segundo lugar, el Padre tiene un plan maravilloso para cada una de nuestras vidas. Efesios 2.10 nos dice: «Porque somos hechura suya, creados en Cristo Jesús para buenas obras, las cuales Dios preparó de antemano para que anduviésemos en ellas». Es cuando descubrimos y aceptamos los propósitos del Señor para nosotros, que encontramos significado y una profunda satisfacción.

Por último, sabemos por Eclesiastés 3.11 (LBAD) que Dios: «ha plantado la eternidad en el corazón de los hombres». Es importante que usted y yo sepamos que estamos logrando objetivos que perdurarán, que estamos produciendo un efecto tanto en la tierra como en el cielo; y cuando usted y yo obedecemos la voluntad del Padre, sabemos que estamos haciendo un impacto en la eternidad (1 Corintios 3.11–15).

> *Cuando usted y yo obedecemos la voluntad del Padre, sabemos que estamos afectando la eternidad.*

EL PAN NUESTRO DE CADA DÍA

La siguiente petición que Jesús nos enseña a hacer es: «El pan nuestro de cada día, dánoslo hoy» (Mateo 6.11). Por supuesto, no está hablando meramente acerca del pan integral de trigo o de centeno, sino que realmente se refiere a la suma total de todas nuestras necesidades: físicas, económicas, espirituales, emocionales y relacionales. Usted y yo tenemos la certeza de que nuestro Padre celestial cuidará de nosotros.

En Mateo 6.25–26 Jesús nos dice: «Por tanto os digo: No afanes por vuestra vida, qué habéis de comer o qué habéis de beber; ni por vuestro cuerpo, qué habéis de vestir. ¿No es la vida más que el alimento, y el cuerpo más que el vestido? Mirad las aves del cielo, que no siembran, ni siegan, ni recogen en graneros; y vuestro Padre celestial las alimenta. ¿No valéis vosotros mucho más que ellas?».

Como creyentes, siempre podemos contar con que Dios proveerá para nosotros, y que asumirá toda la responsabilidad por nuestras necesidades si lo seguimos obedientemente (Filipenses 4.19). Cuando nuestros recursos se agotan y sentimos que no podemos seguir adelante, el Padre sigue proveyendo para nosotros de maneras que no podríamos haber soñado o imaginado (1 Reyes 17.1–16; 19.1–8).

Mi abuelo me enseñó este principio hace muchos años. Su rostro se iluminaba cuando me contaba la historia de cómo Dios lo llamó a proclamar el evangelio y suplió todas sus necesidades. En aquellos tiempos era normal que los predicadores hicieran sus reuniones evangélicas en carpas. Pero el abuelo no tenía dinero para comprar una. Así que una noche, caminaba junto a la carretera meditando en su dilema. Y siguió así durante un buen tiempo.

Finalmente, mi abuelo se arrodilló y clamó a Dios: «Señor, tú me llamaste a predicar, pero no tengo lugar donde hacerlo. Necesito una carpa, y ellas cuestan trescientos dólares, pero no tengo nada, no tengo dinero. No tengo nada

que pueda vender. Padre, por favor, muéstrame qué hacer».
Fue un clamor de desesperación que todos hemos experimentado. Sin embargo, como Dios le mostró a mi abuelo, es cuando nos quedamos sin opciones cuando Él puede demostrar lo poderoso, maravilloso y sabio que es (2 Corintios 12.9, 10).

> *Es cuando nos quedamos sin opciones cuando Él puede demostrar lo poderoso, maravilloso y sabio que es.*

Después de orar, mi abuelo se puso de pie y comenzó a caminar de nuevo. Al hacerlo, vio una casa a lo lejos, y el Espíritu Santo le dirigió a ir allí. Fue como si el Señor le dijera: «Allí es donde proveeré para tus necesidades». Mi abuelo no estaba seguro en cuanto a qué pensar de aquello, pero fue a la casa y llamó a la puerta. El sonriente rostro que le recibió le dio la certeza de que había acudido al lugar correcto.

«¡Sr. Stanley!», exclamó la señora en la puerta. «Me alegro mucho de verle aquí. Había querido hablar con usted, porque tengo algo que darle». Ella lo invitó a entrar y después fue a buscar una pequeña bolsa de papel y cartón. Se la dio y dijo: «Dios me dijo que le diera esto».

Un tanto atónito, le dio las gracias, charló con ella un rato más y después se fue. Cuando finalmente abrió la bolsa, encontró exactamente el dinero justo para comprar la carpa que necesitaba para el ministerio: trescientos billetes de un dólar. El abuelo me dijo: «Eso me enseñó a confiar siempre en Dios porque Él es fiel para suplir nuestras necesidades».

Eso es lo que Jesús está diciendo también cuando nos llama a que reconozcamos que Él nos da nuestro pan de cada día. El Padre suple fielmente todo lo que necesitamos.

Ahora bien, quizá usted piense: *¿Está usted seguro de esto? Hay muchas cosas que le he pedido a Dios que aún no me ha provisto.* Quizá haya pedido sanidad de una enfermedad, un trabajo o la restauración de una relación importante y aún no ha visto que Dios se mueva en esa situación. ¿Realmente acudirá Él a ayudarle?

> *Confíe siempre en Dios porque Él es fiel para suplir sus necesidades.*

Por supuesto que lo hará (Salmo 84.11).

Y aunque puede que Él no le conteste de la forma que usted espera, puedo asegurarle que lo que le dará siempre será mucho mejor que lo que hubiera podido conseguir por usted mismo.

Jesús nos dice: «¿Qué hombre hay de vosotros, que si su hijo le pide pan, le dará una piedra? ¿O si le pide un pescado, le dará una serpiente? Pues si vosotros, siendo malos, sabéis dar buenas dádivas a vuestros hijos, ¿cuánto más vuestro Padre que está en los cielos dará buenas cosas a los que le pidan?» (Mateo 7.9–11).

¡Qué promesa! Dios nunca hace nada que le vaya a dañar. Es posible que usted no entienda lo que Él le ofrece, pero puede estar seguro de que su respuesta a sus oraciones será siempre lo mejor para sus intereses (Romanos 8.28).

Jesús nos dice que pidamos: «El pan nuestro de cada día, dánoslo hoy» (Mateo 6.11). Observe que dice *cada día*. No debemos orar solo cuando tenemos emergencias, sino tener una relación continua con el Señor (1 Tesalonicenses 5.17). Él quiere que lo respetemos como la Fuente de todo lo que tenemos y recibimos. Como nos recuerda Santiago 1.17: «Toda buena dádiva y todo don perfecto desciende de lo alto, del Padre».

Muchas personas no reconocerán esto e intentarán obtener lo que quieren por sus propios medios. Algunos esperan que otros les ayuden a lograr sus objetivos, pero la cuestión es: ¿Dónde va *usted* a buscar aquello que necesita?

Jesús le dice que le pida a Él su pan de cada día, para que entienda que su esperanza, sus habilidades y su suficiencia provienen de Él. Tome nota de esto: su propia fuerza y sabiduría son inadecuadas para todo lo que Dios le ha llamado a hacer. Usted puede llegar a ser todo aquello para lo cual Dios le creó, solo si depende de Él. Y el primer paso para aceptar esto es simplemente darle gracias a Él por suplir sus necesidades diarias.

> *Usted puede llegar a ser todo aquello para lo cual Dios le creó, solo si depende de Él.*

DEUDAS Y DEUDORES PERDONADOS

La cuarta petición que Jesús menciona es una de las más difíciles, pero es esencial. Él dice: «Y perdónanos nuestras deudas, como también nosotros perdonamos a nuestros deudores» (Mateo 6.12). El Señor desea que tengamos nuestros corazones limpios cuando nos acercamos a Él.

Perdónanos nuestras deudas

Nos demos cuenta o no, siempre que usted y yo pecamos, nos distanciamos del Padre. En esencia, rechazamos su plan y su presencia. Esto se debe a que Dios es santo y todo lo que nos manda hacer es coherente con su rectitud. Por tanto, cuando le desobedecemos, nos alejamos de su camino perfecto y obstaculizamos su obra purificadora en nuestras vidas.

Antes de conocer a Cristo, estamos completa y eternamente separados del Señor porque llevamos toda la deuda de nuestros pecados, la cual requiere nuestra muerte (Romanos 6.23). Por eso necesitamos que Jesús sea nuestro Salvador, ya que Él pagó esa deuda en su totalidad por nosotros en la cruz y restaura nuestra relación con el Padre para que podamos tener vida eterna (Juan 3.16).

Una vez que confiamos en el Señor Jesús para nuestra salvación, nada puede *separarnos eternamente* de Dios, pero nuestros pecados aún pueden *entorpecer* nuestra relación con Él. Sí, Jesús sigue viviendo en nosotros; nada puede cambiar eso (Juan 10.28–29), pero cada decisión que tomamos en contra de su voluntad, cada vez que escogemos nuestras propias preferencias en lugar de su plan santo, nos alejamos un paso del Salvador.

Jesús advirtió contra esto, diciendo: «Ninguno puede servir a dos señores; porque o aborrecerá al uno y amará al otro, o estimará al uno y menospreciará al otro» (Mateo 6.24). Cada vez que usted peca, está declarando que quiere ser el señor de su propia vida en vez de que lo sea Dios. Y como sabemos, eso es totalmente incoherente con hacer la oración: «Venga tu reino. Hágase tu voluntad, como en el cielo, así también en la tierra» (Mateo 6.10). Para que verdaderamente tenga lugar la conversación suprema, debe usted reconocer que Dios es Señor y que Él está más preparado para guiar su vida y dirigirle.

Cada vez que usted peca, está declarando que quiere ser el señor de su propia vida en vez de que lo sea Dios.

Afortunadamente, «si confesamos nuestros pecados, él es fiel y justo para perdonar nuestros pecados, y limpiarnos de toda maldad» (1 Juan 1.9). Cuando estamos de acuerdo en que queremos que Él gobierne nuestras vidas, podemos confiar completamente en que Él vuelve a darnos la bienvenida.

Por eso, Jesús le dice que ore pidiendo perdón, porque no quiere que haya nada que se interponga entre usted y Él. Quiere una relación totalmente libre de obstáculos con usted.

Como también nosotros perdonamos a nuestros deudores

No obstante, pedir perdón no es lo único que Él nos pide que hagamos, ya que nos dice: «Perdónanos nuestras deudas, *como también nosotros perdonamos a nuestros deudores*» (Mateo 6.12, énfasis añadido). El Señor quiere que perdonemos a quienes nos han ofendido, para asegurarnos de no albergar ningún resentimiento, amargura o rencor en contra de nadie.

Esto no siempre es fácil. Es sorprendente la cantidad de dolor y daño que puede producir una persona o un grupo de personas. Quizá alguien venga a su mente en este momento. Ya sea que la herida que esa persona le infligió esté fresca en su vida o haya estado ahí por años, aún duele. Lo que hizo puede, incluso, afectar su manera de vivir, haciendo que usted evite situaciones o personas parecidas a la persona que le causó una herida.

Llegado este punto, tiene que tomar una decisión: usted puede alimentar su angustia y amargarse, o puede acudir al Señor y permitir que Él le sane y le haga mejor. Tan solo recuerde que perdonar no significa que ignoremos las consecuencias del pecado y la desobediencia o que aprobemos lo que la persona ha hecho. Significa que usted abandona su resentimiento y animosidad hacia las acciones de esa persona para poder ser libre.

Sé que esto es complicado y angustioso a veces, pero por favor entienda esto: cuanto más difícil sea perdonar a una persona, más importante es para su salud espiritual, emocional, mental y física que lo haga. Sepa que la falta de perdón le ata a usted a la persona que le hizo mal, hiriéndole más profundamente de lo que él o ella podían haber hecho por sí solos. En algún momento, usted debe negarle a esa persona el poder para herirle.

Entonces ¿cómo puedo dejar eso atrás, y perdonar?

En primer lugar, debe enfocarse en el amor y la compasión que Cristo le mostró en la cruz. Usted ha sido salvado solamente por la gracia y bondad sacrificial de Él, y no por algo que usted mismo haya hecho (Efesios 2.8, 9). Él le ha perdonado todos sus pecados y ha sido reconciliado con el Padre mediante su gratuita provisión de salvación, un regalo que usted nunca podría pagar ni merecer por sus propios méritos. Debe aceptar este hecho totalmente y darse cuenta de la increíble misericordia que le fue mostrada, para poder así perdonar a otros (Efesios 4.32).

En segundo lugar, confiese sus sentimientos de ira, inseguridad y dolor a Dios. El Padre quiere sanar sus heridas, ayudarle a sentirse seguro en su cuidado, y librarle de cualquier amargura que haya en su corazón. Para hacerlo, quizá le revele algún pecado que usted haya estado albergando o que haya surgido por su falta de perdón. Esté dispuesto a admitir las áreas en que estaba equivocado.

Finalmente, deponga su hostilidad y cualquier deseo que tenga de venganza, reconociendo que solo el Señor tiene la autoridad y el derecho para juzgar a otro. Romanos 12.19, nos dice: «No os venguéis vosotros mismos, amados míos, sino dejad lugar a la ira de Dios; porque escrito está: Mía es la venganza, yo pagaré, dice el Señor». Repito: eso no significa que la persona que le ha hecho un mal se librará del castigo. Más bien significa que usted no tiene que seguir encadenado a esa persona emocionalmente. En vez de eso, usted confía en que el Padre se encargará de la situación.

Amigo, hay un poder maravilloso en el perdón, el cual impide que usted se llene de amargura, resentimiento y hostilidad. Pero cuando alberga amargura, su comunión con el Señor sufre. Por eso, cuando Dios le recuerde a personas que tiene que perdonar, espero que no ignore su voz. Decida valientemente enfrentar esos sentimientos y permitir que el Padre le libere.

Decida valientemente enfrentar esos sentimientos y permitir que el Padre le libere.

LÍBRANOS DEL MAL

La quinta petición de Jesús es: «Y no nos metas en tentación, mas líbranos del mal» (Mateo 6.13), lo cual puede ser confuso para algunas personas. Después de todo, Santiago 1.13 dice: «Cuando alguno es tentado, no diga que es tentado de parte de Dios; porque Dios no puede ser tentado por el mal, ni Él tienta a nadie». Entonces ¿por qué nos dice Él que le pidamos al Padre que no nos meta en situaciones que nos pudieran inducir a pecar?

Repito: es útil mirar el original griego para entender lo que el Salvador estaba diciendo. La palabra aquí para «tentación» es *peirasmos*, la cual puede significar «poner a prueba» o «probar el carácter de alguien». Ambas conllevan la idea de probar genuinamente nuestra virtud, fe e integridad mediante la adversidad.

Por eso cuando decimos: «Y no nos metas en tentación, mas líbranos del mal», estamos orando para que el Señor nos impida ir en dirección errónea cuando estamos afrontando tribulaciones, que Él nos impida tratar situaciones de forma que pudieran hacernos daño. En otras palabras: «No permitas que nuestra propia naturaleza pecaminosa nos venza cuando pasemos por pruebas, o no nos permitas experimentar circunstancias tan terribles que no te obedezcamos». Le estamos pidiendo que Él nos sostenga, fortalezca y proteja cuando pasemos por dificultades que no podamos explicar o entender, para que no le fallemos.

En esto Jesús nos recuerda nuevamente lo maravilloso que es tener la guía del Señor. Cuando le obedecemos, sabemos que incluso cuando somos probados, Él tiene un buen propósito (Romanos 8.28). Como nos advierte 1 Pedro 1.6, 7: «En lo cual vosotros os alegráis, aunque ahora por un poco de tiempo, si es necesario, tengáis que ser afligidos en diversas pruebas, para que sometida a prueba vuestra fe, mucho más preciosa que el oro, el cual aunque perecedero se prueba con fuego, sea hallada en alabanza, gloria y honra cuando sea manifestado Jesucristo». La adversidad que el Señor permite en nuestras vidas puede ser un puente maravilloso hacia una relación con Él más profunda y una fe más fuerte.

Si el Padre decide probar nuestro carácter, no nos dará más de lo que podamos soportar, y además nos dará los recursos necesarios para poder perseverar. El apóstol Pablo confirma esto en 1 Corintios 10.13 cuando escribe: «fiel es Dios, que no os dejará ser tentados más de lo que podáis resistir, sino que dará también juntamente con la tentación la salida, para que podáis soportar».

Por otro lado, Jesús sabe lo ruinoso que es para nosotros meternos en problemas. Cuando nos damos cuenta de que nuestras malas decisiones nos han causado sufrimiento y han tenido consecuencias demasiado grandes para poder soportarlas, podemos enfurecernos con nosotros mismos; y si esa ira interior no es enfrentada, al final puede dañar todo nuestro sistema emocional y causarnos una profunda y paralizante depresión. Nos condenamos a nosotros mismos sin piedad y rechazamos la gracia de Dios porque nos sentimos indignos.

Amigo, el Salvador no quiere que usted viva de esa manera. Si se deprime a menudo, examine su corazón en busca de cualquier ira que albergue hacia usted mismo. Confiese sus sentimientos al Padre y aprenda a perdonarse, por muy difícil que sea. Después, recuerde siempre orar: «No me metas en tentación, mas líbrame del mal», sabiendo que mientras ande en obediencia a Él, cualquier prueba que sea permitida en su vida será para su propio bien.

> *Mientras ande en obediencia a Él, cualquier prueba permitida en su vida será para su propio bien.*

SU REINO, PODER Y GLORIA POR TODOS LOS SIGLOS

Finalmente, Jesús nos dice que alabemos a Dios, diciendo: «tuyo es el reino, y el poder, y la gloria, por todos los siglos.

Amén» (Mateo 6.13). Esta es una declaración que reconoce la supremacía y soberanía del Señor. Le damos gracias, expresando todas las maneras en que Él ha sido fiel en cuidarnos. Declaramos nuestra gratitud porque Él es poderoso, omnisciente, omnipresente, nos ama incondicionalmente y está siempre dispuesto a guiarnos; y le damos todo el honor y la gloria por nuestras victorias.

Esta es la parte de Él como nuestro Dios, pero es también vital para nuestro bienestar. La alabanza nos recuerda nuestra dependencia de Él y el hecho de que no importa el problema que estemos afrontando, Él es capaz de llevarnos triunfantes. De hecho, el Padre ya sabe todo lo que necesitamos, y ya está obrando para librarnos. Y si respondemos con fe y confiamos en Él, los obstáculos que afrontemos resultarán en nuestra bendición y edificación.

Por tanto, como el apóstol Pablo, podemos y deberíamos declarar: «Mas gracias sean dadas a Dios, que nos da la victoria por medio de nuestro Señor Jesucristo» (1 Corintios 15.57).

A SOLAS CON EL PADRE

De principio a fin, el modelo de conversación del Salvador está centrado en Dios: en su autoridad, santidad, poder, sabiduría, propósito, provisión, perdón y bondad. Cuando nos enfocamos en el Señor y meditamos en sus caminos, comenzamos a amarlo, escucharlo y sentir su presencia, y Él nos habla de maneras asombrosas.

Si sigue usted el modelo de Jesús en la oración, crecerá en su relación íntima con Dios y experimentará la conversación suprema. Quizá al principio le resulte extraño; pero le garantizo que si lo hace, pronto anhelará la presencia del Padre, porque hay cosas que no podrá contarle a nadie sino a Dios, y asuntos en su vida que solamente Él entiende del todo. Su corazón clamará por el privilegio de pasar tiempo con Aquel que le conoce perfectamente, incluyendo sus temores y fracasos, y aún así le ama lo mismo.

Por tanto, busque estar a solas con Él como nos enseñó el Salvador: «Más tú, cuando ores, entra en tu aposento y, cerrada la puerta, ora a tu Padre» (Mateo 6.6). ¿Tiene usted una habitación o un «rincón de oración» donde puede estar con Dios y experimentar su presencia? ¿Tiene un lugar donde reunirse con el Señor sin que nadie le distraiga?

Si sigue el modelo de Jesús en la oración, crecerá en su relación íntima con Dios y experimentará la conversación suprema.

Cuando yo era adolescente, el único lugar en nuestra pequeña casa donde podía estar totalmente sin interrupciones era el cuarto de baño. Había muchas veces que iba allí, me tumbaba en el piso y hablaba con el Señor; y Él me hablaba poderosamente durante esos tiempos a solas. A Él no le importaba que yo estuviera en el baño, sino tan solo que mi corazón estuviera abierto a su voz.

No importa dónde esté su rincón de oración, lo importante es que usted vaya allí. Dios está siempre mucho más interesado en su crecimiento espiritual que en el lugar en donde usted se encuentra con Él. Así que busque un lugar donde usted y Él puedan comunicarse diariamente sin interrupciones.

¿Está dispuesto? Espero que sí; y mi oración es que siga el patrón de conversación del Salvador y vea lo profundamente satisfactoria que puede ser verdaderamente su comunión con el Padre.

Padre, te amamos y te damos gracias por darnos este patrón de conversación como una guía para una comunión genuina, apasionante y deleitosa contigo. Oro para que cada uno de nosotros la aplique a su corazón y se comprometa a conocerte de una manera más profunda e íntima, especialmente los que han estado repitiendo esta oración a lo largo de los años pero nunca se han sentido más cerca de ti. Que cada uno de nosotros experimente el poderoso privilegio de caminar en tu presencia momento a momento cada día.

Señor, oro específicamente por este lector. Si esta persona aún no tiene un rincón de oración, que tú le identifiques un lugar donde pueda reunirse contigo. Atrae a esta querida persona a una comunión total y absolutamente libre de obstáculos, donde te busque privada, humilde, sincera y obedientemente, para poder experimentar por completo tu amor incondicional. Ayuda a este alma a deshacerse de las cargas de la religión y darse cuenta de la bendición de tener una relación contigo como su Padre amoroso. Que este lector te reconozca como su Defensor, que te permita guiarle como Dios soberano, que te busque como el Proveedor de toda necesidad, que acepte de todo corazón tu perdón, que perdone por completo a los demás, y que se mantenga en el centro de tu voluntad.

Porque tuyo es el reino y el poder y la gloria por todos los siglos, y te alabamos con gozo. En el incomparable nombre de Jesús nuestro Señor y Salvador. Amén.

7

NUESTRO AYUDADOR EN LA ORACIÓN

El Espíritu Santo como nuestro embajador

Puede comenzar como un toque delicado en su espíritu o como una punzada en su corazón. Su antena interior se levanta. De repente, usted es consciente de que debería prestar atención a algo importante.

Eso me ocurrió hace varios años durante un viaje fotográfico. Habíamos estado viajando por un camino durante casi tres horas, y comencé a tener un sentimiento curioso de que íbamos en dirección errónea. Le pregunté a nuestro guía al respecto, pero él me aseguró que todo estaba bien. Como no quería parecer presuntuoso, seguí caminando.

Tras unos pocos minutos, observé que el sentimiento de intranquilidad persistía; de hecho, era más fuerte. Fue entonces cuando saqué mi brújula y miré en el mapa. Efectivamente, nos alejábamos del destino que nos habíamos fijado.

Nos llevó cerca de una hora y media regresar donde habíamos tomado el desvío incorrecto en el camino. Tristemente, eso significó que cuando llegamos al lugar, nuestro tiempo para tomar fotografías se había visto reducido.

Sin embargo, el acontecimiento me ayudó a entender dos lecciones valiosas. Primero, cuando sentimos un testimonio interno que nos anima a tomar cierta forma de proceder, deberíamos escuchar. Segundo, cuando usted y yo escogemos a alguien que nos guíe, debemos estar seguros de que esa persona conoce el camino que tenemos por delante mejor que nosotros.

El Espíritu Santo es un guía de toda confianza que nunca nos llevará por caminos erróneos y que conoce, sin lugar a dudas, el camino mucho mejor que nosotros.

Por tanto, medite: ¿Ha sentido alguna vez algo alertándole a prestar atención o llevándole en cierta dirección? Quizá estaba escuchando un sermón y sintió que Dios le decía que le siguiera a Él en obediencia. O quizá haya entrado en un restaurante u otro negocio y de repente se llenó de temor, como si debiera irse rápidamente.

Si usted es creyente, es muy probable que esos sentimientos fuesen llamadas de atención del Espíritu Santo, que siempre le guía a entender y aceptar la voluntad del Padre. Él es quien habla a su corazón, advirtiéndole de los peligros y alentándole a someterse a los propósitos de Dios.

A diferencia de la persona que nos acompañaba en ese viaje fotográfico, el Espíritu Santo es un guía de toda confianza que nunca nos llevará por caminos erróneos y que conoce sin lugar a duda el camino mucho mejor que nosotros. De hecho, separados de Él usted y yo no podemos vivir una vida piadosa. Gálatas 5.16 nos enseña: «Andad en el Espíritu, y no satisfagáis los deseos de la carne». Esto se debe a que el Espíritu Santo nos da el poder para resistir el pecado y obedecer a Dios, nos ayuda a entender las Escrituras y nos capacita para tener comunión con el Señor. Nunca nos dirá que hagamos nada que contradiga las Escrituras.

De hecho, de todos los profesores que tuve en la universidad, ninguno llegó jamás a estar a la altura de instrucción personal que he recibido de parte de Dios mediante el Espíritu Santo. En Juan 14.26, Jesús prometió a los discípulos: «Más el Consolador, el Espíritu Santo, a quien el Padre enviará en mi nombre, él os enseñará todas las cosas, y os recordará todo lo que yo os he dicho». Recuerdo lo poderosamente que el Señor me comunicó esto una noche de rodillas cuando estaba en la universidad.

Después de graduarme de la Universidad de Richmond fui al seminario teológico Southwestern Baptist Theological Seminary en Fort Worth, Texas. Estaba más o menos en la mitad de mi programa de tres años y comenzaba a pensar en el futuro. Fue una de esas noches en las que anhelaba agarrar el teléfono y llamar al padre que nunca conocí y contarle lo que estaba pensando. Poco me imaginaba que Dios usaría ese vacío en mi corazón por un padre una y otra vez para acercarme más a Él.

Esa noche, arrodillado para orar, tuve un sentimiento muy fuerte de la presencia del Señor. No escuché su voz de manera audible, pero su mensaje para mí no pudo ser más claro. Me dijo: «Lo que logres en la vida no dependerá de tu educación, tu talento o tu destreza. Yo tengo un plan para ti, pero solo lo lograrás de rodillas y rendido a mí por completo».

Nunca he olvidado esa noche; y a lo largo de mi vida he comenzado y he terminado cada uno de mis días de rodillas ante Dios para hablarle y escuchar qué más tiene que decirme.

EL PAPEL DEL AYUDADOR

Lo que el Padre me comunicó aquella noche fue el mismo mensaje que leemos en Zacarías 4.6: «No con ejército, ni con fuerza, sino con mi Espíritu, ha dicho Jehová de los ejércitos». La presencia del Espíritu Santo con nosotros es especialmente importante al participar en la conversación suprema porque Él es el Espíritu de Dios. Él nos enseña la voluntad del Padre, cómo escucharlo, cómo discernir su verdad y cómo tener una relación íntima con Él. También nos entrena y nos capacita para cumplir los planes de Dios para nuestras vidas con «la sabiduría que es de lo alto» (Santiago 3.17).

El apóstol Pablo dice:

COSAS QUE OJO NO VIO, NI OIDO OYÓ, NI HAN SUBIDO EN CORAZÓN DE HOMBRE, SON LAS QUE DIOS HA PREPARADO PARA LOS QUE LE AMAN.

Pero Dios nos las reveló a nosotros por el Espíritu; porque el Espíritu todo lo escudriña, aun lo profundo de Dios. Porque ¿quién de los hombres sabe las cosas del hombre, sino el espíritu del hombre que está en él? Así tampoco nadie conoció las cosas de Dios, sino el Espíritu de Dios. Y nosotros no hemos recibido el espíritu del mundo, sino el Espíritu que proviene de Dios, para que sepamos lo que Dios nos ha concedido, lo cual también hablamos, no con palabras enseñadas por sabiduría humana, sino con las que enseña el Espíritu, acomodando lo espiritual a lo espiritual...

PORQUE ¿QUEÍN CONOCIÓ LA MENTE DEL SEÑOR? ¿QUIÉN LE INSTRUIRÁ? Mas nosotros tenemos la mente de Cristo (1 Corintios 2.9, 13, 16).

En otras palabras, como el Espíritu Santo vive en usted, tiene la presencia y guía constante del Señor (1 Corintios 3.16; 6.19; 2 Corintios 6.16). Por tanto, si alguna vez le cuesta saber qué decir al Padre o desearía tener un mejor vocabulario para dirigirse a Él, no se desanime. No tiene que preguntarse si Dios entenderá lo que usted quiere decir o si le habrá pedido algo incorrecto. Él le ha dado el Ayudador, que está siempre con usted y le ayuda a orar. La pregunta es si usted le escuchará o no.

> *Como el Espíritu Santo vive en usted, tiene la presencia y guía constante del Señor.*

Pero quizá se esté preguntando: *¿Quien es el Espíritu Santo? ¿Por qué debo confiar en Él?* La verdad es que junto con el Padre y Jesús el Hijo, el Espíritu Santo es parte de la Trinidad. ¿Significa eso que hay tres deidades? No, hay un solo Dios a quien servimos y adoramos (Deuteronomio 6.4; 1 Corintios 8.6); pero cuando leemos las Escrituras, vemos que el Señor se expresa en tres Personas, también conocido como la *Trinidad* (Mateo 28.19; Lucas 3.22; Hechos 2.32, 33; 7.55; 2 Corintios 13.14; 1 Pedro 1.2). Él se revela ante nosotros como el Padre (Mateo 6.9; Romanos 8.14, 15; Efesios 4.6), como nuestro Salvador Jesús (Hechos 13.23; Filipenses 3.20; 2 Timoteo 1.10; Tito 3.5–7), y como el Espíritu Santo (Juan 14.26; 20.22; 1 Corintios 6.19).

El Espíritu Santo tiene los mismos atributos que los

otros miembros de la Trinidad: es totalmente santo, inmutable, omnipotente, omnisciente y omnipresente. Él no es una fuerza impersonal, sino una Persona que le ama incondicionalmente.

La noche antes de su crucifixión, después de la Última cena, el Salvador explicó la misión y el propósito del Espíritu Santo:

> Y yo rogaré al Padre, y os dará otro Consolador, para que esté con vosotros para siempre: el Espíritu de verdad, al cual el mundo no puede recibir, porque no le ve, ni le conoce; pero vosotros le conocéis, porque mora con vosotros, y estará en vosotros... Mas el Consolador, el Espíritu Santo, a quien el Padre enviará en mi nombre, él os enseñará todas las cosas, y os recordará todo lo que yo os he dicho (Juan 14.16, 17, 26).

Ahora bien, es importante que entendamos que Jesús estaba enviando al Espíritu Santo para estar con nosotros *permanentemente*. Sin embargo, esa no era la primera vez que las Escrituras mencionaban al Espíritu. Desde el principio en Génesis, podemos ver su actividad: «Y la tierra estaba desordenada y vacía, y las tinieblas estaban sobre la faz del abismo, y el Espíritu de Dios se movía sobre la faz de las aguas» (1.2). El Espíritu Santo estaba allí, pero solo un centenar de personas aproximadamente en el Antiguo Testamento tuvieron el privilegio de su presencia (Éxodo 31.3; Números 11.25, 26; 1 Samuel 11.6); y normalmente, Él no se quedaba con ellos (1 Samuel 15.16).

> *Dios entendió que para que nosotros experimentásemos verdaderamente la conversación suprema con Él, Él tendría que estar presente siempre con nosotros.*

Dios entendió que para que nosotros experimentásemos verdaderamente la conversación suprema con Él, Él tendría que estar presente siempre con nosotros. Dijo: «Os daré corazón nuevo, y pondré espíritu nuevo dentro de vosotros; y quitaré de vuestra carne el corazón de piedra, y os daré un corazón de carne. Y pondré dentro de vosotros mi Espíritu, y haré que andéis en mis estatutos, y guardéis mis preceptos, y los pongáis por obra» (Ezequiel 36.26–27). ¡Qué honor más grande tenerlo siempre con nosotros! Verdaderamente, Él es nuestra fortaleza y refugio constante en todas las situaciones y circunstancias (Salmo 46.1).

Por tanto, ¿cómo nos ayuda el Espíritu Santo?

- Nos lleva a la cruz, revelando nuestra necesidad de perdón y demostrando cómo tener fe en Cristo como nuestro Salvador (Juan 15.26).
- Nos da la seguridad de nuestra salvación (Juan

14.20) y «da testimonio a nuestro espíritu, de que somos hijos de Dios» (Romanos 8.16).

- Garantiza nuestra redención, dándonos seguridad eternamente, sellándonos en Cristo (Efesios 1.13; 4.30).

- Guía nuestros pasos y nos ayuda a descubrir los planes del Señor para nosotros (Marcos 1.12; Juan 16.13–15; Romanos 8.14).

- Recorre con nosotros cada paso del camino al convertirnos en hijos de Dios, ayudándonos y consolándonos mientras seguimos al Padre (Juan 14,16, 17, 26; Romanos 8.14–16).

- Nos enseña la verdad ayudándonos a entender y aplicar la Escritura (Juan 16.13;1 Corintios 2.9–13, 16).

- Nos recuerda lo que hemos aprendido, trayendo versículos y principios bíblicos a nuestra mente para que podamos seguir en el centro de la voluntad de Dios (Juan 14.26).

- Nos convence de nuestros pecados para que podamos arrepentirnos y quitar cualquier estorbo en nuestra íntima relación con el Señor (Juan 16.8–11).

- Nos capacita para cumplir la voluntad de Dios (Zacarías 4.6; Hechos 10.44; 1 Tesalonicenses 1.5).

- Nos ayuda a compartir las buenas nuevas de salvación con otros (Juan 15.27; Hechos 1.7, 8).

- Nos equipa para ministrar a otros y nos da dones espirituales para poder servir al Cuerpo de Cristo (1 Corintios 12.4–8; Efesios 4.11, 12.

- Produce un fruto duradero y eterno en nosotros y a través de nosotros (Gálatas 5.22, 23).

- Nos ayuda a orar, intercediendo por nosotros «con gemidos indecibles» (Romanos 8.26–27).

- Nos escudriña, buscando las heridas que deban ser sanadas y los hábitos pecaminosos que debamos quitar (Salmo 139.23, 24; Hebreos 9.14; Tito 3.5).

- Nos hace un pueblo nuevo, transformándonos a la semejanza de Jesucristo (Ezequiel 36.26, 27; Romanos 8.27, 29; 2 Corintios 3.17, 18).

SU FORTALEZA EN NUESTRA DEBILIDAD

El Padre verdaderamente nos ha dado un regalo maravilloso al enviar al Consolador a habitar en nosotros. Él es como un embajador que representa firmemente las políticas de su país, y también sirve a la nación anfitriona traduciendo sus mensajes al lenguaje adecuado. El Espíritu Santo no solo nos comunica fielmente la voluntad del Padre de una manera que entendamos, sino que también nos representa delante de Dios de una manera digna de su justo nombre.

El apóstol Pablo escribió: «Y de igual manera el Espíritu nos ayuda en nuestra debilidad; pues qué hemos de pedir como conviene, no lo sabemos, pero el Espíritu mismo intercede por nosotros con gemidos indecibles. Mas el que escudriña los corazones sabe cuál es la intención del Espíritu, porque conforme a la voluntad de Dios intercede por los santos» (Romanos 8.26, 27).

¿Cuál es nuestra debilidad en la conversación suprema? A veces no sabemos cómo expresar la profundidad de nuestros deseos o sentimientos, ni somos capaces de entender lo que realmente necesitamos. A veces estamos tan exhaustos en espíritu, mente y cuerpo, que apenas nos quedan energías para abrir nuestra boca. Hay ocasiones en que el desánimo se ha apoderado de tal manera de nuestro corazón que no podemos imaginarnos una manera de salir de nuestras dolorosas circunstancias, y lo único que podemos pedir es que el Padre nos ayude.

> *El Espíritu... conforme a la voluntad de Dios intercede por los santos.*

Quizá ese era el estado en que se encontraba Pablo. En 2 Corintios 1.8, 9 él confiesa: «Porque hermanos, no queremos que ignoréis acerca de nuestra tribulación que nos sobrevino en Asia; pues fuimos abrumados sobremanera más allá de nuestras fuerzas, de tal modo que aun perdimos la esperanza de conservar la vida. Pero tuvimos en nosotros mismos sentencia de muerte, para que no confiásemos en nosotros mismos, sino en Dios que resucita a los muertos».

Con los latigazos, prisiones y peligros que Pablo había experimentado, no es sorprendente que se sintiera así (2 Corintios 11.23–29). El apóstol había afrontado dificultades terribles durante sus viajes misioneros, incluyendo casi ser apedreado hasta la muerte en Listra (Hechos 14.19), estar en medio de un alboroto en Éfeso (Hechos 19.23–41), y teniendo que dejar las queridas iglesias que había plantado para sufrir en Jerusalén (Hechos 20.17–24). En constante peligro, separado de sus seres queridos, amenazado por todos lados y abofeteado por innumerables pruebas, él tenía buenas razones para estar desanimado.

¿Se ha sentido así alguna vez? ¿Ha estado alguna vez tan hundido por los problemas que la desesperación se ha apoderado de usted? ¿Intenta encontrar una razón para seguir luchando, pero está tan cansado y abrumado que quiere abandonar?

A pesar de todas sus adversidades, el apóstol Pablo siguió confiando en Dios, y usted debe hacer lo mismo. Tenga por seguro que el Consolador ve la profundidad de sus dificultades. Él traduce sus sentimientos con más precisión de lo que usted mismo podría articularlos, y le consuela con el conocimiento de que Él entiende lo que usted verdaderamente necesita.

Nunca debería tener temor a si Dios reconocerá o no el clamor de su corazón, porque su Espíritu Santo transforma sus peticiones en sacrificios totalmente aceptables y agradables (Apocalipsis 5.8; 8.3, 4). Incluso cuando cree que está fallando en sus oraciones, el Espíritu Santo le asegura que es usted escuchado. También le garantiza que sus tribulaciones no son en vano, sino que le edificarán en la fe si le responde en obediencia.

OBEDEZCA SUS IMPULSOS

La clave es responder al Espíritu Santo en obediencia.

Recuerde esto: *la clave es responder al Espíritu Santo en obediencia.* Esto, por supuesto, es su parte en la conversación: su voluntaria sumisión a lo que el Espíritu Santo le diga. Él le enseña cómo escuchar al Padre, comunicando la verdad de una forma que usted puede recibir. De acuerdo a su madurez espiritual, Él le muestra cómo aplicar los principios bíblicos a su vida. La parte que a usted le corresponde es obedecerle, y al hacerlo, Él le fortalece (1 Pedro 5.10).

Como puede ver, no es un misterio la forma en que Pablo podía soportar tal sufrimiento y persecución. El apóstol había aprendido a escuchar de cerca al Espíritu Santo y había obtenido el ánimo que necesitaba gracias a su presencia constante. ¿Como lo hizo Pablo? Aprendió a caminar en el Espíritu. El apóstol lo explicó así:

Digo, pues: Andad en el Espíritu, y no satisfagáis los deseos de la carne. Porque el deseo de la carne es contra el Espíritu, y el del Espíritu es contra la carne; y éstos se oponen entre sí, para que no hagáis lo que quisiereis. Pero si sois guiados por el Espíritu, no estáis bajo la ley. Y manifiestas son las obras de la carne, que son: adulterio, fornicación, inmundicia, lascivia, idolatría, hechicerías, enemistades, pleitos, celos, iras, contiendas, disensiones, herejías, envidias, homicidios, borracheras, orgías y cosas semejantes a estas; acerca de las cuales os amonesto, como ya os lo he dicho antes, que los que practican tales cosas no heredarán el reino de Dios. Mas el fruto del Espíritu es amor, gozo, paz, paciencia, benignidad, bondad, fe, mansedumbre, templanza; contra tales cosas no hay ley. Pero los que son de Cristo han crucificado la carne con sus pasiones y deseos. Si vivimos por el Espíritu, andemos también por el Espíritu (Gálatas 5.16–25)

Pablo aprendió a enfrentar sus problemas a la manera de Dios, en vez de hacerlo a la manera del mundo. Cuando experimentamos dificultades, nuestra naturaleza humana tiende a expresarlas o a ahogarlas de maneras que no agradan a Dios: mediante posesiones, adicciones, inmoralidad o muchas otras cosas. Sin embargo, Pablo entendía que si escuchaba al Espíritu, manejando su adversidad como Cristo lo haría, sería libre de las preocupaciones y desánimos de esta vida.

Usted también puede hacerlo. Puede crucificar los deseos de la carne, esas cosas que están destruyéndole sutilmente y causándole sufrimiento día tras día, aprendiendo a andar en el Espíritu.

Pero quizá se pregunte qué significa para su vida la frase «andar en el Espíritu». ¿Cómo lo hace? ¿Cómo puede vivir cada momento dependiendo del Espíritu Santo, sensible a su voz y obedeciéndole?

Andar en el Espíritu significa obedecer sus impulsos iniciales. Puede hacerlo al ser cada día consciente de la presencia del Espíritu Santo con usted. Se somete a Él cuando siente que le está llevando en cierta dirección o tocando su corazón para iniciar cualquier curso de acción en particular, incluso si no entiende del todo por qué Él lo está haciendo.

Por ejemplo, quizá sienta la convicción de dejar una conversación, alejarse

> *Andar en el Espíritu significa obedecer sus impulsos iniciales, sometiéndose a Él cuando siente que le está llevando en cierta dirección.*

rápidamente de un programa de televisión o irse de un lugar que es cuestionable. Sea lo que sea, hágalo de inmediato, ya que el Espíritu le está advirtiendo de una tentación a pecar que puede que no sea usted capaz de resistir a menos que le obedezca al instante.

Quizá haya alguien que de repente llegue a su mente durante el día. Usted sabe que esa persona ha estado pasando por un momento difícil y podría necesitar ayuda. Llame o escriba a esa persona. El Espíritu le dará las palabras exactas para animarle. Él quiere ministrar a esa persona por medio de usted, y es seguro que le bendecirá si lo hace.

El Espíritu Santo incluso puede guiarle a tomar un camino o correr un riesgo que nunca imaginó. Lo más sabio que puede hacer es someterse a su plan independientemente de si tiene sentido o no para usted. El Espíritu del Dios viviente conoce todas las cosas, incluyendo el futuro, y su dirección es siempre para beneficio de usted.

UNA CONVERSACIÓN VIVA

Esa es la manera como la conversación suprema se convierte en una realidad en su vida: usted obedece los impulsos iniciales del Espíritu Santo. A medida que lo hace, la voz de Dios cada vez es más fuerte y más frecuente en su vida. Finalmente, comenzará a ver realidades espirituales que solo una persona en constante comunión con el Padre puede percibir (Salmo 25.14).

Eliseo era una persona así (2 Reyes 6.8–19). Cuando los arameos se reunieron contra Israel y rodearon la ciudad de Dotán, el profeta no tuvo miedo ni vaciló. Su siervo, por el contrario, vio la gran multitud de soldados, caballos y carretas y se quedó totalmente aterrado, y clamó: «¡Ah, señor mío! ¿qué haremos?» (v. 15).

A medida que obedece los impulsos del Espíritu, comenzará a ver realidades espirituales que solo una persona en constante comunión con el Padre puede percibir.

Eliseo continuó en calma. «No tengas miedo», respondió «porque más son los que están con nosotros que los que están con ellos. Y oró Eliseo, y dijo: Te ruego, oh Jehová, que abras sus ojos para que vea. Entonces Jehová abrió los ojos del criado, y miró; y he aquí que el monte estaba lleno de gente de a caballo, y de carros de fuego alrededor de Eliseo» (vv. 16–17).

Mientras el siervo vio que el enemigo acampaba alrededor de la ciudad, Eliseo percibió la realidad espiritual mayor: que Dios estaba dando la batalla por ellos. Por eso, el profeta se mantuvo confiado y completamente seguro. De igual forma, cuanto más obedezca usted al Espíritu y más se acerque al Padre, más fuerte serán su fe y su seguridad.

Puede ver demostrada esta verdad una y otra vez a lo largo de las Escrituras:

- «Aunque ande en valle de sombra de muerte, no temeré mal alguno, porque tú estarás conmigo; tu vara y tu cayado me infundirán aliento» (Salmo 23.4).

- «Jehová es mi luz y mi salvación; ¿de quién temeré? Jehová es la fortaleza de mi vida; ¿de quién he de atemorizarme?... anque un ejército acampe contra mí, no temerá mi corazón; aunque contra mí se levante guerra, yo estaré confiado» (Salmo 27.1, 3).

- «Dios es nuestro amparo y fortaleza, nuestro pronto auxilio en las tribulaciones. Por tanto, no temeremos, aunque la tierra sea removida, y se traspasen los montes al corazón del mar» (Salmo 46.1, 2).

- «El que habita al abrigo del Altísimo morará bajo la sombra del Omnipotente. Diré yo a Jehová: Esperanza mía, y castillo mío; mi Dios, en quien confiaré. El te librará del lazo del cazador, de la peste destructora. Con sus plumas te cubrirá, y debajo de sus alas estarás seguro; escudo y adarga es su verdad. No temerás el

terror nocturno, ni saeta que vuele de día»
(Salmo 91.1–5).

- «Bienaventurado el hombre que teme a Jehová... Por lo cual no resbalará jamás; en memoria eterna será el justo. No tendrá temor de
malas noticias; su corazón está firme, confiado
en Jehová» (Salmo 112.1, 6, 7).

- «Bendito el varón que confía en Jehová, y cuya
confianza es Jehová. Porque será como el árbol
plantado junto a las aguas, que junto a la co-
rriente echa sus raíces, y no verá cuando viene
el calor, sino que su hoja estará verde; y en el
año de sequía no se fatigarán, ni dejará de dar
fruto» (Jeremías 17.7, 8).

Ahora bien, esto no significa que si usted anda por el
Espíritu nunca tendrá miedo. Tampoco significa que automáticamente verá los ejércitos angelicales del Señor como
hicieron Eliseo y su siervo.

La idea es que cuando usted se involucra en la conversación suprema con el Padre de una manera viva y real,
comienza a conocer y entender cosas que solo son evidentes
para quienes entienden las verdades profundas del Espíritu
Santo (1 Corintios 2.6–16). Como dice Dios mismo: «Clama
a mí y te responderé, y te daré a conocer cosas grandes y

ocultas que tú no sabes» (Jeremías 33.3 NVI). Comenzará a experimentar más del carácter perfecto del Padre y también tendrá más confianza en su provisión para usted.

Por tanto, le reto a comenzar cada mañana con una oración parecida a esta: «Padre, quiero que me guíes y me dirijas hoy. Habla a mi corazón. Hazme sensible a tus impulsos y a lo que está ocurriendo a mi alrededor en las vidas de las personas con las que me encuentre. Lléname de tu gozo sobrenatural, y úsame hoy para tus propósitos. Me rindo por completo a ti».

Porque si se entrega al Espíritu Santo y depende de su capacidad en vez de apoyarse en la suya propia, Él le capacitará no solo para vivir una vida agradable a Cristo, sino también para experimentar a Dios de formas que nunca pensó que fueran posibles.

Padre, qué agradecidos estamos por tu increíble amor y por el maravilloso regalo de tu Espíritu Santo. Tú has hecho tanto en preparación para nuestra vida diaria, Señor. Podemos despertar cada día sabiendo que estás con nosotros y vivir con la perfecta seguridad de tu favor.

Padre, nuestro deseo es andar con tu Espíritu momento a momento. Enséñanos a responder a tus impulsos inmedia-

tamente. Muéstranos cómo confiar más en ti cada hora del día para que podamos crecer más en nuestra relación contigo.

Padre, oro específicamente por este lector. Que esta querida persona experimente la obra transformadora del Espíritu Santo de una manera radical. Sé que esta persona quiere lo mejor que tienes, Señor, así que no permitas que esta persona ignore tus advertencias o recomendaciones. Más bien, ayuda a este lector a responderte siempre en obediencia. Oro para que tu Espíritu Santo selle este mensaje en el corazón de esta persona, haciendo que la conversación suprema sea una comunión real y viva contigo.

Gracias por el maravilloso privilegio de tu presencia hoy y cada día. Oro en el nombre de Jesús. Amén.

8

CÓMO USA DIOS
EL SILENCIO

Su mensaje en la quietud

HEMOS ESTADO EXAMINANDO ESTA CONVERSACIÓN viva y continua que usted y yo podemos mantener con Dios, y sabemos que Él no solo habla, sino que nos da el Espíritu Santo como su agente constante de comunicación con nosotros. Sin embargo, si usted ha estado experimentando el silencio del Señor, quizá ahora se sienta un tanto frustrado. ¿Qué hacemos cuando parece que el Padre ha dejado de interactuar con nosotros?

Ahora bien, por favor entienda que no estoy hablando de personas que no creen que el Señor les haya hablado *jamás*. Dios *se comunica* con ellos, pero sus oídos quizá no están entrenados aún para oír su voz.

No, estoy hablando de lo que ocurre cuando personas que saben cómo escuchar al Padre dejan de percibir el sonido de su voz. Están buscando su presencia y dirección, pero Él parece estar ausente de su situación, como si hubiera dejado de hablarles.

Quizá usted esté pasando ahora mismo por un momento así. Por alguna razón, parece que Dios le está dando el trato del silencio. Quizá haya pedido su guía, pero Él no responde. Puede ser que aún no haya provisto para una necesidad apremiante en su vida, y usted siente como si Él estuviera distante, no interesado en sus difíciles circunstancias.

La verdad es que nuestro Padre celestial a veces se mantiene en silencio; y cuando estamos sufriendo, su silencio puede resultarnos particularmente desconcertante. Puede que lleguemos a estar confusos y desalentados, y nos preguntamos si el Señor nos habrá rechazado. Sin embargo, tenga la certeza de que Dios le sigue amando y tiene un propósito para su silencio. De hecho, Él lo usará para desarrollar su intimidad con Él y madurarle espiritualmente si continúa usted buscándolo.

> *Él usará el silencio para desarrollar su intimidad con Él y madurarle espiritualmente si continúa usted buscándolo.*

CUATROCIENTOS AÑOS DE PREPARACIÓN

Como ejemplo de esto, podemos considerar uno de los períodos más significativos del silencio de Dios en la historia. Como vimos en nuestro estudio de Nehemías en los capítulos 2 y 3, después de setenta años de cautividad en Babilonia, el Señor permitió a los judíos regresar a Jerusalén para reconstruir el santo templo y los muros de protección de la ciudad. Después de eso, hubo un avivamiento en Israel. El pueblo estaba comprometido de corazón a obedecer a Dios e incluso firmó un documento como garantía de que se sometería a sus mandamientos (Nehemías 8–10).

Desgraciadamente, ese deseo renovado de honrar y servir al Padre no duró mucho tiempo. Pronto, los sacerdotes comenzaron a fallar en su servicio al Señor, ofreciéndole sacrificios defectuosos y permitiendo que aumentara la inmoralidad. Dios les reprendió mediante el profeta Malaquías diciendo: «Mas vosotros os habéis apartado del camino; habéis hecho tropezar a muchos en la ley... Por tanto, yo también os he hecho viles y bajos ante todo el pueblo» (2.8, 9).

Al igual que las generaciones que les precedieron, los israelitas cayeron en sus viejos patrones de desobediencia: participando en prácticas impías y oprimiendo a los desamparados (3.5), casándose con personas que servían a otras deidades (2.11; véase también Deuteronomio 7.1–6), no dando sus diezmos y ofrendas (3.7–9) y deshonrando el nombre de Él (3.13–15). Habían estado en esa situación muchas veces anteriormente, y habían sido castigados por su conducta.

Sin embargo, esta vez el Señor les trató de modo un poco distinto a como lo había hecho anteriormente. Tras amonestar al pueblo mediante el profeta Malaquías, se mantuvo en silencio. Ningún otro profeta, sacerdote, juez o rey se levantó para asegurarse de que seguían en el camino. Dios simplemente dejó de hablar y no dijo nada más, ¡durante cuatrocientos años!

¿Había sido tan grave el pecado del pueblo de Israel que el Señor finalmente dejó de intentar corregir su conducta? ¿Se enojó tanto con ellos que simplemente se alejó, abandonándoles con sus hábitos destructivos? *Por supuesto que no.*

¿Acaso esa falta de comunicación significaba que Dios había dejado de obrar en su favor? ¿Se había olvidado de los pactos que hizo con sus antepasados (Génesis 12.1–3; 15; 2 Samuel 7.8–16)? *De ninguna manera.*

Antes bien, el Señor estaba preparando a Israel para el acontecimiento más importante de su historia: la venida del Mesías. Durante esos cuatro siglos de quietud, Dios estaba preparando de forma activa el escenario del mundo para que el Salvador redimiera a la humanidad; y lo que logró fue totalmente increíble.

En primer lugar, en tiempos de Malaquías no había un idioma común por el cual extender el evangelio a todo el mundo; pero al comienzo del año 336 a.C., el conquistador griego Alejandro Magno de Macedonia comenzó a derrotar un imperio tras otro, incluyendo la mayoría de

Asia Menor, Fenicia, Egipto, Mesopotamia, Persia e incluso algunas partes de India. Con la intención de unir naciones tan dispares, Alejandro difundió la cultura y el lenguaje griegos (un proceso conocido como *helenización*) por todos los territorios, estableciéndolo como norma para el comercio, la ciencia y la filosofía. Por tanto, cuando nació Jesús, comunicar el evangelio era mucho más fácil porque había una lengua vernácula común.

De hecho, la helenización era tan fuerte a lo largo y ancho de todo el mundo que los judíos incluso tradujeron la Biblia hebrea, creando la *Septuaginta*, o el equivalente griego del Antiguo Testamento. Este segundo desarrollo hizo que las Escrituras fueran mucho más accesibles, lo cual nuevamente fue algo muy beneficioso para extender las buenas nuevas de salvación.

Aunque los esfuerzos de Alejandro finalmente hicieron del griego el idioma común, aún era muy peligroso viajar de una nación a otra. Sin embargo, con el surgimiento del imperio romano, se produjo una mejora inmensa de los caminos y un período de relativa paz conocido como *Pax Romana*. Este tercer avance facilitó a los primeros evangelistas el «hacer discípulos a todas las naciones» (Mateo 28.19) y ser «testigos... hasta lo último de la tierra» (Hechos 1.8).

Finalmente, había muchísimos judíos esparcidos por todas las provincias romanas que habían establecido *sinagogas*: lugares donde reunirse para orar y estudiar las Escrituras.

Esto produjo centros misioneros desde donde alcanzar a las comunidades judías con el evangelio y desde donde predicar por todo el mundo conocido.

---

c. 538 a.c.	Ciro decreta que los judíos pueden regresar a Jerusalén
c. 537 a.c.	Los judíos comienzan su regreso a Jerusalén para reconstruir el Templo
c. 445 a.c.	Dios obra a través de Nehemías para restaurar los muros de Jerusalén
c. 430 a.c.	Malaquías profetiza contra la inmoralidad en Israel
c. 336–323 a.c.	Surge el imperio griego por medio de las conquistas de Alejandro Magno
c. 197–146 a.c.	Las ciudades-estado griegas caen una a una con la expansión romana
c. 63 a.c.	Pompeyo de Roma conquista Judea
c. 1 a.c.	El ángel Gabriel le habla a Zacarías de su hijo Juan, precursor del Mesías: la primera profecía en cuatro siglos.

Por tanto, cuando Jesús resucitó de los muertos, el mundo conocido ya había sido preparado con importantes innovaciones de comunicación para recibir el evangelio. Sí, Dios guardaba silencio, pero no se había *desentendido*. No se había olvidado de su pueblo ni lo había abandonado. Mas bien, estaba activamente trabajando para ayudar a Israel con el problema de su pecado.

A lo largo de la historia, los israelitas habían demostrado inequívocamente que no importaba lo buenas que fueran nuestras intenciones, nunca podemos manejar la carga de nuestras transgresiones nosotros solos. El apóstol Pablo lo explica así: «Porque según el hombre interior, me deleito en la ley de Dios; pero veo otra ley en mis miembros, que se rebela contra la ley de mi mente, y que me lleva cautivo a la ley del pecado que está en mis miembros. ¡Miserable de mí! ¿quién me librará de este cuerpo de muerte?» (Romanos 7.22–24).

En otras palabras, a pesar de lo mucho que amemos al Padre, nuestra naturaleza de pecado en nuestro interior siempre nos llevará a rebelarnos contra Él. Como dice Pablo, no queremos pecar, pero de todos modos lo hacemos (Romanos 7.14–17). Por eso usted y yo necesitamos un Salvador que pueda romper el lazo de la naturaleza pecaminosa dentro de nosotros y nos haga libres.

Pablo nos dice dónde se encuentra esa libertad: «Gracias doy a Dios, por Jesucristo Señor nuestro… Ahora, pues, ninguna condenación hay para los que están en Cristo Jesús. Porque la ley del Espíritu de vida en Cristo Jesús me ha librado de la ley del pecado y de la muerte» (Romanos 7.25; 8.1, 2).

En lugar de ignorar a los israelitas mediante su silencio,

Dios estaba liberándoles del pecado de una vez por todas por medio del Mesías: una asombrosa bendición que podemos recibir nosotros también.

SEIS MANERAS EN QUE DIOS USA EL SILENCIO

Digo todo esto para asegurarle que si Dios le está dando un trato de silencio, no debe temer. Él no está enojado con usted, ni ha dejado de amarle. Él sigue obrando en su favor.

Sin embargo, le diré esto: *Si el Padre está callado, entonces es muy probable que haya algo muy significativo que quiera enseñarle, y quiere que usted escuche.* Por tanto, vamos a ver seis razones por las que el Señor puede estar inaudible en el momento.

> *Si el Padre está callado, entonces es muy probable que haya algo muy significativo que quiera enseñarle, y quiere que usted escuche.*

1. Captar nuestra atención

La primera razón por la cual podemos experimentar el silencio del Señor es que hay veces en que nos enredamos tanto en nuestras actividades, necesidades y relaciones que no nos enfocamos en el Padre ni en pasar tiempo con Él. Vamos en pos de nuestros objetivos en nuestras propias fuerzas, y estamos tan ocupados que ni siquiera pensamos en Él. Otras veces, Él no está diciendo lo que queremos oír, así que lo ignoramos y lo dejamos fuera de nuestra vida.

En cualquiera de los casos, Dios usará el silencio para captar nuestra atención. Finalmente, cuando nuestra alma esté hambrienta de su presencia, debemos volver sobre nuestros propios pasos para ver en qué punto nos alejamos de Él.

Aunque el profeta Elías era un hombre piadoso que amaba y servía a Dios fielmente, hubo un momento en su ministerio en que apartó sus ojos del Señor y los puso en sus circunstancias. La malvada Jezabel amenazó con ejecutarlo, algo que le aterró (1 Reyes 19.1, 2). Huyó al desierto, que estaba a más de ciento cuarenta kilómetros de distancia de donde vivía Jezabel en Samaria, y muy lejos de su alcance. Estaba exhausto, y quería morirse, pero el ángel del Señor lo alimentó. Fortalecido con el alimento, viajó otros cuarenta días hasta el monte Horeb, aun más lejos de la malvada reina.

Finalmente, el Señor le habló: «¿Qué haces aquí, Elías?» (1 Reyes 19.9). Elías, sabedor de lo lejos que se encontraba de su territorio asignado de ministerio, ofreció esta explicación: «He sentido un vivo celo por Jehová Dios de los ejércitos; porque los hijos de Israel han dejado tu pacto, han derribado tus altares y han matado a espada a tus profetas; y solo yo he quedado, y me buscan para quitarme la vida» (1

Reyes 19.10). El profeta obviamente tenía miedo, y estaba cansado y enfocado en las amenazas de Jezabel. Así que el Padre dio unos pasos difíciles de comprender para reorganizar su mente. Dios le dijo:

«Sal fuera, y ponte en el monte delante de Jehová». Y he aquí Jehová que pasaba, y un grande y poderoso viento que rompía los montes, y quebraba las peñas delante de Jehová; pero Jehová no estaba en el viento. Y tras el viento un terremoto; pero Jehová no estaba en el terremoto. Y tras el terremoto un fuego; pero Jehová no estaba en el fuego. Y tras el fuego un silbo apacible y delicado. Y cuando lo oyó Elías, cubrió su rostro con su manto, y salió, y se puso a la puerta de la cueva» (1 Reyes 19.11–13).

Siempre que usted aparte su enfoque del Padre, quizá Él le envíe un gran silencio para que cambie su perspectiva. Escúchelo.

Mediante el viento destructivo, el terremoto y el fuego, el Padre consiguió captar la atención del profeta Elías. Después de todo, el Dios que rompía las montañas era capaz sin duda alguna de ocuparse de la malvada reina. Elías no tenía nada que temer mientras confiara en el Señor.

De igual forma, siempre que usted aparte su enfoque del Padre, quizá Él le envíe un gran silencio para que cambie su perspectiva. Escúchelo.

2. *Prepararnos para obedecerlo*

A veces, Dios guarda silencio cuando le pedimos acerca de una decisión importante o alguna prueba que estamos atravesando porque Él sabe que su distancia nos hace buscarlo con más pasión. Él desea que lleguemos a un punto en que estemos verdaderamente preparados y deseosos de obedecerlo, cuando reconocemos que Él es Señor y que sabe lo que es mejor para nosotros. Entonces, después de nuestro tiempo de buscar su dirección con intensidad, Él recompensa nuestra petición de conocer su voluntad y nos da la guía clara que le he hemos pedido.

En tales ocasiones, independientemente de lo difíciles que sean los retos o las decisiones que tenga usted por delante, recuerde el testimonio de David: «Hubiera yo desmayado, si no creyese que veré la bondad de Jehová en la tierra de los vivientes. Aguarda a Jehová; esfuérzate, y aliéntese tu corazón; sí, espera a Jehová» (Salmo 27.13, 14).

Volverá a oír la voz de Dios y verá su poderosa ob su vida. Así que sea paciente, reconociendo el legítimo lugar que Él tiene en su vida y siga escuchando.

3. Revelar nuestro pecado

Una tercera razón por la que el Padre ocasionalmente guarda silencio es porque quiere que seamos conscientes del pecado en nuestra vida. Y no lo hace por ser malo con nosotros, sino por el amor y compasión que nos tiene. Nuestras transgresiones son terriblemente destructivas. Dañan nuestra comunión con Él, dañan nuestras relaciones con otros y nos hieren. El pecado puede devastarnos por completo, cuerpo, mente y espíritu, y dejarnos rotos y sin esperanza alguna. Por eso Dios esperará a hablarnos hasta que estemos dispuestos a arrepentirnos, a alejarnos de esas conductas dañinas y buscar sus caminos que dan vida.

David confesó:

> Mientras callé, se envejecieron mis huesos en mi gemir todo el día. Porque de día y de noche se agravó sobre mí tu mano; se volvió mi verdor en sequedades de verano. Mi pecado te declaré, y no encubrí mi iniquidad. Dije: Confesaré mis transgresiones a Jehová; y tú perdonaste la maldad de mi pecado. Por esto orará a ti todo santo en el tiempo en que puedas ser hallado... Muchos dolores habrá para el impío; mas al que espera en Jehová, le rodea la misericordia (Salmo 32.3–6, 10).

Siempre que el Señor Dios guarde silencio, le animo a examinar su corazón y asegurarse de que no está albergando ningún pecado. ¿Se siente como se sentía David? ¿Hay algo que le inquiete y que no puede identificar bien? ¿Está soportando alguna pesadez en su espíritu que está consumiendo todas sus energías? ¿Le parece que sus relaciones y planes se tuercen?

Si es así, pídale a Dios que identifique su iniquidad y le libere de ella. Entonces, como David, podrá decir: «Bienaventurado aquel cuya transgresión ha sido perdonada, y cubierto su pecado» (Salmo 32.1).

4. *Aumentar nuestra confianza en Él*

A veces deseamos honrar a Dios como nuestro Señor soberano, pero nos da miedo confiar en Él, así que el Padre tiene que ensanchar nuestra fe. Cuando Él decide guardar silencio, prueba con ello la profundidad de nuestra fe en Él y la tenacidad con que nos aferraremos a sus promesas. Esto no es para beneficio de Él, ya que sabe exactamente lo fuerte que es nuestra confianza; en cambio, lo hace para revelarnos áreas en las que necesitamos crecer.

A veces Dios prueba la profundidad de nuestra fe en Él y la tenacidad con que nos aferraremos a sus promesas guardando silencio.

Yo pasé por un período así cuando era adolescente. A los catorce años, sabía que Dios me estaba llamando a ser pastor, pero no veía ninguna posibilidad de ir a la universidad y al seminario porque mi familia no tenía manera de apoyarme económicamente. Yo trabajaba después de la escuela y los fines de semana repartiendo periódicos, y también tenía otro trabajo lavando automóviles en una gasolinera local. Ganaba unos dieciocho dólares por semana, lo cual me permitía comprar cosas como la comida de la escuela, ropa y zapatos, y también ayudaba a mi madre con parte de los gastos de la casa. Pero era muy poco comparado con lo que se necesitaba para la universidad.

Desde luego, mamá siempre me animaba a orar por todas mi necesidades. Ella y yo nos arrodillábamos juntos y le pedíamos al Padre que nos diera una manera para que yo recibiera preparación para poder servirle como pastor. Después de orar, mamá solía decir: «Mira, el Señor te va a proveer. No sé cómo, pero si Él te ha llamado a predicar, seguro que te dará todo lo que necesites».

Como ya he dicho, Dios me llamó al ministerio a los catorce años, pero cuando cumplí diecisiete y comencé a prepararme para la graduación de la escuela secundaria, seguía sin tener respuesta con respecto a cómo me proveería Dios. Por fe, envié la solicitud de admisión para el programa de Historia en la Universidad de Richmond y me aceptaron;

pero a medida que pasaban los meses, me preguntaba cómo el Señor arreglaría todas las cosas.

Debido al silencio del Padre, mi confianza en Él fue probada. ¿Confiaría yo en que Él cuidaría de mí o me rendiría derrotado? ¿Verdaderamente creía la promesa de Filipenses 4.19: «Mi Dios, pues, suplirá todo lo que os falta conforme a sus riquezas en gloria en Cristo Jesús»? ¿Era mi fe real o simplemente palabras?

Gracias a Dios que el Padre llegó a tiempo, como siempre suele hacer.

Una noche, estaba hablando con mi amigo Julian, cuando el pastor de la iglesia Moffett Memorial Baptist andaba por allí y se detuvo a visitarnos. Julian no perdió el tiempo, y comenzó a hablar, diciendo: «Sr. Hammock, Charles cree que el Señor lo ha llamado a predicar, pero no tiene dinero para ir a la escuela. ¿Puede usted hacer algo por él?».

El Sr. Hammock pensó durante unos instantes y después contestó con una sonrisa: «Creo que puedo ayudarlo con eso». Dios actuó por medio de él de una manera poderosa. El Sr. Hammock no solo me ayudó a conseguir una beca de cuatro años, sino que también consiguió algo de dinero para los gastos de mantenimiento. Siete años después, en 1956, fui ordenado como pastor en su iglesia: Moffett Memorial Baptist.

Los principios que el Señor me enseñó por medio de su

silencio fueron poderosos: Él actúa en favor de quienes lo esperan y asume toda la responsabilidad en cuanto a nuestras necesidades, si lo obedecemos. Estas serían lecciones que Él repetiría durante toda mi vida, ensanchando mi fe cada vez un poco más para que yo pudiera crecer.

Quizá el Señor también está desarrollando la confianza que usted tiene en Él. Si está esperando una respuesta importante o su provisión, siga escuchando y confiando a pesar de lo largo que sea el proceso. El Padre no le fallará (Deuteronomio 31.8).

5. *Prepararnos para oír su voz*

Cuando era niño, solía pasar tiempo después de la escuela con cinco amigos míos. Nos íbamos a un lugar abierto cerca de nuestro vecindario y jugábamos hasta que llegaba la hora de cenar.

Aún recuerdo cómo mamá me llamaba para comer: «¡Charles! ¡Charles! ¡Hora de cenar!». Esa era la señal para ir a mi casa y recoger. No me confundía cuando las mamás de mis amigos los llamaban para que regresaran, porque podía identificar claramente la voz de mi mamá. Incluso cuando no decía mi nombre, yo sabía que era ella quien me llamaba.

De igual modo, Dios nos entrena para que distingamos su voz entre las demás voces porque usted y yo no podemos obedecerle a menos que primero aprendamos a reconocer su voz.

Piense en todos los mensajes que usted y yo oímos a lo largo del día. Algunos son buenos, quizá leemos un devocional o escuchamos un programa de radio cristiano que exalta al Señor y nos ayuda a buscarlo con más fidelidad. Ciertamente, el Padre nos habla por medio de esas cosas, pero también hay ideas negativas y destructivas que oímos, ideas que apelan a nuestra carne y no a nuestro espíritu. Si no discernimos cuáles de ellas honran a Dios y cuáles no, puede que pronto nos encontremos andando por el camino equivocado.

Por tanto, el Padre usa el silencio para delinear un claro contraste entre su consejo y el consejo de otros.

6. Enseñarnos a perseverar en la conversación suprema

Finalmente, el Señor a veces está en silencio porque nos está enseñando perseverancia en nuestra relación con Él. Jesús enseñó a los discípulos la parábola de la viuda insistente con este propósito (Lucas 18.1–8). Esa mujer necesitaba protección debido a un conflicto que tenía, así que repetidamente le pidió al juez que la ayudara hasta que él accedió debido a su tenacidad. De igual manera, «¿y acaso Dios no hará justicia a sus escogidos, que claman a él día y noche?» (v.7). Él es fiel para responder a nuestras peticiones.

Por esta razón Jesús les enseñó «sobre la necesidad de orar siempre, y no desmayar» (v. 1). La perseverancia es crucial en nuestras relaciones con el Padre porque el tiempo de Él no es el nuestro, ni sus caminos son comparables a los nuestros (Isaías 55.8–9). A veces, Él desea que esperemos porque está ordenando nuestras circunstancias o nos está protegiendo de algún peligro. Puede que Él esté purificando nuestros motivos, enseñándonos a confiar en Él o preparándonos para influenciar a otros.

El punto es: Él está trabajando y no nos ha abandonado. Por tanto, deberíamos prestar atención a las palabras de Hebreos 10.35–36: «No perdáis, pues, vuestra confianza, que tiene grande galardón; porque os es necesaria la paciencia, para que habiendo hecho la voluntad de Dios, obtengáis la promesa».

¿CÓMO DEBEMOS RESPONDER AL SILENCIO DE DIOS?

Lo cierto es que cada período de silencio, prueba, desafío o necesidad que el Señor nos permita experimentar a usted y a mí trae consigo una oportunidad para que aprendamos algo de Él. Así, al responder a su silencio hay algunos pasos importantes que podemos dar para asegurarnos de seguir caminando en el centro de su voluntad.

Pregúntele al Señor por qué está tan callado

¿Hay algo que usted debería aprender, un pecado que deba confesar o un paso de obediencia que deba dar? Use este tiempo para examinar su corazón y volver a consagrarse al Padre. Pregúntele:

- Señor, ¿estás llamando mi atención y reenfocando mi mente en tu carácter?

- ¿Me estás preparando para obedecerte, esperando hasta que esté comprometido de todo corazón a hacer tu voluntad?

- ¿Hay iniquidad en mi vida que me estás revelando? ¿Necesito arrepentirme de alguna conducta de pecado?

- ¿Estás desarrollando mi fe, enseñándome lecciones sobre lo profundamente que puedo confiar en ti?

- ¿Me estás entrenando para que oiga tu voz y discierna tu verdad en medio de todos los mensajes que me bombardean diariamente?

- Padre, ¿me estás enseñando a perseverar en esta conversación contigo?

*Recuerde que el silencio de Dios no significa que Él
esté inactivo*

A lo largo de la historia, el Padre ha usado períodos de
silencio para lograr grandes cosas, como preparar el escenario mundial para la llegada del Mesías. Por tanto, medite
en tales períodos y recuerde que Él sigue trabajando en su
favor (Isaías 64.4).

*Acuérdese de todas las formas en que el Señor le ha
sido fiel*

Dios nunca le ha dejado antes, ni lo hará en el futuro. Piense
en todas las veces en que Él ha luchado por usted, le ha provisto y le ha mostrado su poder, sabiduría, misericordia y
amor. Entonces alábele por todos los buenos planes que Él
tiene para su vida.

Aproveche esta oportunidad para ser totalmente honesto

Como Dios es omnisciente, sus sentimientos no lo sorpren-
derán a Él. Cuando le haya abierto por completo su corazón
estará más receptivo a recibir su aliento y su dirección.

Comprométase a estar callado ante el Señor cada día

Ya sea que oiga su voz o no, lea la Biblia, dígale al Padre que está dispuesto escucharlo y espere en silencio a que Él le hable. Haga de eso un hábito sistemático que sea una prioridad en su vida. Finalmente, logrará avanzar y oír a Dios con más claridad y poder de lo que jamás pensó que fuera posible.

Si el Padre ha guardado silencio últimamente, puede usted tener la confianza de que Él le está llamando a un nuevo nivel de intimidad. Por tanto, no se desanime ni tenga miedo. Humíllese ante el Dios todopoderoso: arrodíllese y reconozca que Él es el Señor de su vida. Recuerde todas las formas en que Él ha sido fiel. Espere en silencio ante Él, dispuesto a oír y obedecer cualquier cosa que Él le diga. Dé gracias por estar activo en su vida, y espere su maravillosa respuesta.

Cuando usted está escuchando activamente su voz, el Señor responde, y sin duda le dará el profundo sentimiento de su presencia, amor y poder que usted ha estado anhelando experimentar.

Padre, qué agradecidos estamos contigo e incluso con tus silencios. Sabemos que estás logrando grandes cosas en nuestras vidas por medio de esos tiempos de quietud, acercándonos más a ti en nuestra relación contigo, preparándonos para obedecer, revelando nuestros pecados, capacitándonos para identificar tu voz, enseñándonos a confiar en ti y fortaleciendo nuestra perseverancia. Gracias, Señor, por la indescriptible paz y el gozo que sentimos al saber que nunca nos dejarás ni nos abandonarás.

Padre, oro específicamente por este lector, para que tu Espíritu Santo use este mensaje para animar el corazón de esta persona. Tu hijo anhela estar conversando contigo, Señor, así que oro para que esta querida persona aprenda lo que tú deseas enseñarle mediante el silencio.

Que seas honrado y glorificado en todo lo que hacemos y decimos, Señor Dios. Oro en el incomparable y maravilloso nombre de Jesús. Amén.

9

SUPERAR OBSTÁCULOS

Gane sus batallas de rodillas

PRIMERA DE TESALONICENSES 5.17 NOS insta a «orar sin cesar», o a estar en una conversación constante con el Padre. Como sabemos, siempre es importante buscar la presencia y dirección del Señor en nuestra vida. Él sabe qué es lo mejor para nosotros y tiene la sabiduría y el poder para ayudarnos a convertirnos en aquello para lo que Él nos ha creado.

Relacionarnos con Dios continuamente es especialmente crucial cuando experimentamos pruebas y obstáculos, porque nuestros problemas tienen la capacidad de agobiarnos y desanimarnos. No podemos dormir en la noche, preguntándonos: «Padre, ¿qué voy a hacer? ¿Por qué has permitido esto en mi vida? No sé cómo continuar». No estamos seguros de cómo hacer frente a las decisiones y consecuencias que llegarán. El dolor y el vacío de nuestras dificultades pueden ser más fuertes que nosotros.

Quizá está usted experimentando algunas circunstancias devastadoras hoy o ve problemas en el horizonte que pronto llegarán a usted. Quizá carece de todo sentido de dirección o propósito real, o incluso se pregunte si debiera abandonar sus sueños y objetivos porque siente que no está a la altura y que nunca merecerá las cosas buenas que desea.

En tales ocasiones, puede que se vea tentado a buscar refugio en consuelos terrenales como las riquezas, las posesiones, sustancias adictivas, comida o sexo. Quizá incluso quiera aislarse del mundo y alejar a todos. No lo haga. Estas cosas prometen consolar su alma dolorida, pero terminarán haciéndole más daño a largo plazo.

> *Si mantenemos nuestro enfoque en Dios durante los tiempos de prueba, nuestra adversidad puede convertirse en un puente para una relación más profunda con Él.*

En vez de eso, aférrense al Único que verdaderamente puede ayudarle a vencer sus retos: su Padre celestial. Primera de Pedro 5.7 nos aconseja: «echando toda vuestra ansiedad sobre él, porque él tiene cuidado de vosotros». Debe usted confiar al Señor sus dudas y sus dificultades permaneciendo en la conversación suprema con Él.

Si mantiene su enfoque en Dios durante los tiempos de prueba, su adversidad puede convertirse en un puente para una relación más profunda con Él. De hecho, el Señor puede que permita un problema que está por encima de sus propias fuerzas o habilidades solo para que usted aprenda a confiar en Él momento a momento (2 Corintios 12.7–10).

Como hemos visto, cada época de dificultad, desafío o necesidad que el Padre permite en nuestras vidas, es una oportunidad para que aprendamos algo de Él. El Señor quiere que esté usted seguro de que puede confiar plenamente en Él a pesar de lo que esté sucediendo.

LLEVE EL PROBLEMA AL GRAN SOLUCIONADOR DE PROBLEMAS

El rey Ezequías es un ejemplo excelente de esto. Segundo de Reyes 18.5–6 nos dice: «En Jehová Dios de Israel puso su esperanza; ni después ni antes de él hubo otro como él entre todos los reyes de Judá. Porque siguió a Jehová, y no se apartó de él». Sin embargo, esto no siempre fue fácil.

En el escenario mundial durante aquella era se estaba produciendo el surgimiento de un pueblo militarmente poderoso, cruel y sediento de sangre llamado Asiria bajo el liderazgo de Tiglat Pileser III (también conocido como Pul). Rápidamente conquistó territorios desde Mesopotamia hasta el Mediterráneo mediante sus tácticas brutales. Esto incluyó hacer a Israel (2 Reyes 15.19–20) y Judá (2 Reyes 16.7–9) sus vasallos y exigirles muchos tributos.

Ezequías solo había estado gobernando la nación de Judá durante seis años cuando su vecino del norte y aliado (Israel) se rebeló contra los asirios y sucumbió ante ellos en el año 722 a.C. Eso fue especialmente difícil para Ezequías porque los israelitas eran parientes de los de Judá, y los asirios, como tenían por costumbre, se llevaron a los israelitas exiliados, separándolos de sus familias y tierras. Eso, claro está, debilitó mucho a Judá, tanto psicológicamente como en términos de seguridad nacional.

A pesar de ese inmenso revés, Ezequías asumió la responsabilidad de obedecer seriamente a Dios, sin importar lo difícil que pudiera ser someterse a sus instrucciones. Uno de los mandamientos más problemáticos, por supuesto, era Deuteronomio 17.15: «ciertamente pondrás por rey sobre ti al que Jehová tu Dios escogiere; de entre tus hermanos pondrás rey sobre ti; no podrás poner sobre ti a hombre extranjero, que no sea tu hermano». En términos prácticos, eso significaba que Judá ya no podía aceptar estar bajo la esclavitud a un poder extranjero. Mientras el rey de Asiria, que en ese tiempo era Senaquerib, los gobernara, no podrían servir al Señor sin impedimentos.

Por tanto, Ezequías se humilló y confió en Dios. Segunda de Reyes 18.7 nos dice: «Él se rebeló contra el rey de Asiria», muy probablemente rehusando enviarle más tributos.

Sin embargo, como ocurre a veces, cuando obedecemos a Dios también despertamos la ira de sus enemigos.

---

c. 922 a.c.	La nación de Israel se divide en el reino del sur, Judá, y el reino del norte, Israel (1 Reyes 12)
c. 745 a.c.	Asiria llega al poder bajo el liderazgo de Tiglat Pileser III
c. 738 a.c.	Israel es forzado a pagar impuestos a Asiria (2 Reyes 15:19–20)
c. 733 a.c.	Judá comienza a pagar impuestos a Asiria (2 Reyes 16:7–9)
c. 727 a.c.	Ezequías comienza la corregencia de Judá con su padre, Acaz
c. 722 a.c.	Samaria, capital de Israel, cae ante los asirios (2 Reyes 17; 18:9–11)
c. 714 a.c.	Ezequías es el único rey de Judá
c. 701 a.c.	Senaquerib de Asiria invade Judá (Isaías 36–37)

Senaquerib no se tomó a la ligera la rebeldía de Ezequías. De hecho, Isaías 36.1 nos dice: «Aconteció en el año catorce del rey Ezequías, que Senaquerib rey de Asiria subió contra todas las ciudades fortificadas de Judá, y las tomó». Pudo conquistar cuarenta y seis ciudades y tomarlas, solo deteniéndose al llegar a Laquis, que estaba a cuarenta y ocho kilómetros al suroeste de Jerusalén. Eso cortaba cualquier ayuda de Egipto, en caso de que Ezequías buscase obtener refuerzos con la ayuda de ese país.

Pero Ezequías se mantuvo firme, y le dijo al pueblo: «Esforzaos y animaos; no temáis, ni tengáis miedo del rey de Asiria, ni de toda la multitud que con él viene; porque más hay con nosotros que con él. Con él está el brazo de carne, mas con nosotros está Jehová nuestro Dios para ayudarnos y pelear nuestras batallas» (2 Crónicas 32.7–8). Esto animó al pueblo, aunque desgraciadamente no por mucho tiempo.

> «Con él está el brazo de carne, mas con nosotros está Jehová nuestro Dios para ayudarnos y pelear nuestras batallas» (2 Crónicas 32.8).

Al ver su dependencia del Señor, Senaquerib envió tres de sus comandantes, Tartán, Rabsaris y Rabsaces, y un gran ejército de aproximadamente 185.000 soldados a Jerusalén. Su objetivo era obligar a los de Judá a rendirse mediante una guerra psicológica. Si no podían alejar de Dios a Ezequías, quizá podrían asustar al pueblo de Judá para que se rebelase contra él.

Entonces el Rabsaces se puso en pie y clamó a gran voz en lengua de Judá, y habló diciendo: Oíd la palabra del gran rey, el rey de Asiria. Así ha dicho el rey:

No os engañe Ezequías, porque no os podrá librar de mi mano. Y no os haga Ezequías confiar en Jehová, diciendo: Ciertamente nos librará Jehová, y esta ciudad no será entregada en mano del rey de Asiria.

No escuchéis a Ezequías, porque así dice el rey de Asiria: *Haced conmigo paz, y salid a mí, y coma cada uno de su vid y de su higuera, y beba cada uno las aguas de su pozo, hasta que yo venga y os lleve a una tierra como la vuestra, tierra de grano y de vino, tierra de pan y de viñas, tierra de olivas, de aceite, y de miel; y viviréis, y no moriréis.*

No oigáis a Ezequías, porque os engaña cuando dice: Jehová nos librará. ¿Acaso alguno de los dioses de las naciones ha librado su tierra de la mano del rey de Asiria? ¿Dónde está el dios de Hamat y de Arfad? ¿Dónde está el dios de Sefarvaim, de Hena y de Iva? ¿Pudieron éstos librar a Samaria de mi mano? *¿Qué dios de todos los dioses de estas tierras ha librado su tierra de mi mano, para que Jehová libre de mi mano a Jerusalén?* (2 Reyes 18.28–35 énfasis añadido).

¿Con qué frecuencia nos ocurre esto? Decidimos vivir para Dios y de repente nuestra fe recibe ataques. Proclamamos nuestra confianza absoluta en el Padre y al instante las dudas inundan nuestra mente.

En el caso de Ezequías y el pueblo de Jerusalén, podían haber aceptado esas amenazas, ya que a fin de cuentas Israel no había podido resistir ante Asiria, ni tampoco otras cuarenta y seis ciudades en Judá que ya habían caído. ¿Qué razones tenían para pensar que el destino de Jerusalén sería distinto?

¿Acaso no era el ejército asirio más fuerte que sus ejércitos? ¿Cómo podrían resistir contra una potencia mundial tan grande e invencible? ¿Les ayudaría realmente Dios? ¿Qué pasaría si Él estuviera enojado con ellos? Quizá estaba castigando a Judá por alguna razón, como había castigado a Israel (2 Reyes 17.7–18). ¿Podían confiar en que Él les libraría? Quizá deberían aceptar la oferta de Senaquerib: rendirse y vivir una vida próspera bajo el reinado asirio.

Afortunadamente, en vez de contemplar sus dudas, Ezequías fue a donde todos debemos ir cuando nos asaltan los problemas: al gran Solucionador de problemas. Él buscó la guía de Dios, diciendo en oración:

Jehová Dios de Israel, que moras entre los querubines, sólo tú eres Dios de todos los reinos de la tierra; tú hiciste el cielo y la tierra. Inclina, oh Jehová, tu oído, y oye; abre, oh Jehová, tus ojos, y mira; *y oye las palabras de Senaquerib, que ha enviado a blasfemar al Dios viviente.* Es verdad, oh Jehová, que los reyes de Asiria han destruido las naciones y sus tierras; y que echaron al fuego a sus dioses, *por cuanto ellos no eran dioses, sino obra de manos de hombres*, madera o piedra, y por eso los destruyeron. Ahora, pues, oh Jehová Dios nuestro, *sál-vanos, te ruego, de su mano, para que sepan todos los reinos de la tierra que sólo tú, Jehová, eres Dios* (2 Reyes 19.15–19, énfasis añadido).

Ezequías libró esta batalla de rodillas, buscando el auxilio del Padre para salvar a Jerusalén. Reconoció que los asirios solo podían conquistar a otras naciones cuyos dioses «no eran dioses, sino obra de manos de hombres» (v. 18); ¡pero los ejércitos de Senaquerib no podrían permanecer frente al Dios viviente! Esa era una oportunidad de demostrar al mundo entero quién era verdaderamente el Señor de toda creación.

> *«Sálvanos, te ruego, de su mano, para que sepan todos los reinos de la tierra que sólo tú, Jehová, eres Dios»* *(2 Reyes 19.19).*

Y el Padre honró su oración. Mediante el profeta Isaías, Dios le dijo a Ezequías que Senaquerib no solo regresaría a su tierra y moriría a espada (2 Reyes 19.6, 7; Isaías 37:6, 7), también que el ejército no podría tan siquiera disparar una flecha a Jerusalén (2 Reyes 19.32, 33). El Señor les defendería sin lugar a dudas.

Como siempre, el Padre fue fiel a su palabra. Cuando el pueblo de Jerusalén se despertó al día siguiente, el ángel del Señor había matado a los 185.000 soldados del ejército asirio, con lo que no tuvieron la oportunidad tan siquiera de colocar las flechas en sus arcos. Y más adelante, tal y como Dios dijo, Senaquerib murió asesinado a manos de dos de sus hijos mientras adoraba a su dios (2 Reyes 19.35–37; Isaías 37:36–38).

Hay evidencias de que el Salmo 46 se escribió después de esta gran victoria: un tributo adecuado a la forma en que el Señor había librado a Jerusalén:

Dios es nuestro amparo y fortaleza,
nuestro pronto auxilio en las tribulaciones
Por tanto, no temeremos, aunque la tierra sea
    removida,
y se traspasen los montes al corazón del mar...
Del río sus corrientes alegran la ciudad de Dios,
el santuario de las moradas del Altísimo.
Dios está en medio de ella; no será conmovida.
Dios la ayudará al clarear la mañana...
Estad quietos, y conoced que yo soy Dios;
seré exaltado entre las naciones; enaltecido seré en
    la tierra.
Jehová de los ejércitos está con nosotros;
nuestro refugio es el Dios de Jacob (vv. 1, 2, 4, 5,
    10, 11).

¿QUÉ SIGNIFICA ESTO PARA USTED?

Lo más probable es que usted y yo no tengamos que hacer frente a los ejércitos asirios en los próximos meses, pero hay principios en el ejemplo de Ezequías que podemos recordar siempre que afrontemos problemas que sean mucho más grandes de lo que podamos manejar. Independientemente de los obstáculos o desafíos que afrontemos, no tenemos que pasar por ellos solos, sino que, como Ezequías, deberíamos acudir al gran Solucionador de problemas y confiar en su ayuda.

1. *Dios está interesado en sus problemas*

Lo primero que debemos entender es que como creyentes e hijos del Dios vivo, el Padre está interesado en ayudarnos a vencer cualquier cosa que nos esté derrotando, desanimando o deprimiendo. Él quiere que hablemos con Él acerca de las cosas que nos preocupan, y desea que busquemos su guía y consejo.

Quizá lo entendamos como un punto teológico; pero digo esto, primero y por encima de todo, porque a veces nuestras dificultades pueden hacer que nos sintamos insignificantes, incompetentes e indignos. Sentimos que el Padre no se interesa por nosotros. A fin de cuentas, Él tiene que cuidar de todo el universo; ¿por qué iba a emplear tiempo en los asuntos que nos angustian? Cuando hay un conflicto continuado en el Medio Oriente, hambrunas, desastres naturales y naciones enteras sumergidas en terribles guerras civiles, ¿por qué iba Él a malgastar sus esfuerzos en tratar las pequeñas cargas que soportamos nosotros?

Sin embargo, permítame recordarle esto: la conversación suprema tiene que ver con su caminar *íntimo* con el Señor. Jesús dijo: «Pues aún vuestros cabellos están todos contados» (Mateo 10.30). Esto significa que el Padre se preocupa de cada detalle de su relación diaria con Él y quiere que usted tenga una comunión profunda con Él en cada área de su vida.

Así que nunca diga: «Dios no se preocupa por *eso*», porque sí lo hace. Si le preocupa a usted, le importa a Él. Por tanto, como nos dice el Salmo 62.8: «Esperad en Él en todo tiempo, oh pueblos; derramad delante de él vuestro corazón; Dios es nuestro refugio».

Si le preocupa a usted, le importa a Él.

---

2. El Señor es más grande que sus dificultades

Hemos hablado acerca del hecho de que el Padre es omnipotente, omnisciente, omnipresente y que nos ama incondicionalmente. Repito: puede que aceptemos estos hechos de manera intelectual, pero lo importante es aplicarlos a nuestras circunstancias de forma práctica. Siempre que afrontemos tiempos de prueba, debemos preguntarnos sinceramente: *¿Realmente confío en que Dios puede manejar cualquier problema que experimente?*

La verdad es que el Padre nunca se retuerce las manos nerviosamente cuando usted acude a Él con una situación difícil. Él es perfectamente capaz de llevarle a la victoria independientemente de lo que esté usted afrontando.

De hecho, Él hace la pregunta retórica: «He aquí que yo soy Jehová, Dios de toda carne; ¿habrá algo que sea difícil para mí?» (Jeremías 32.27). Rotundamente no. Él fue capaz de crear toda la humanidad del polvo, con nuestros inmensamente complicados sistemas biológicos, atributos físicos distintivos, rasgos de personalidad únicos y diferentes dones espirituales (Génesis 2.7). El Dios que pudo hacer esto, también puede ocuparse de cualquier problema que nos preocupe.

Aunque nuestras dificultades pudieran parecernos insuperables o eternas, para el Señor son simplemente una oportunidad de que tenemos de acercarnos más a Él y enseñarnos a confiar más en Dios. La pregunta es: ¿Podemos dejar de intentar manejar nuestras circunstancias? ¿Podemos renunciar a tener el control, y permitirle hacer a Dios lo que Él se propone?

Esta fue una pregunta difícil para Ezequías. Los asirios estaban ofreciéndole paz, protección y prosperidad (2 Reyes 18.23, 31–32), pero si él lo rechazaba, prometían atacarles, matando o deportando a todos los habitantes de Jerusalén. ¿Escucharía Ezequías las amenazas de este ejército muy real que tenía ante él o las promesas del Dios invisible de sus antepasados? Humanamente hablando, la salida fácil hubiera sido acceder a las demandas de los asirios.

Aunque nuestras dificultades pudieran parecernos insuperables o eternas, para el Señor son simplemente una oportunidad que tenemos de acercarnos más a Él.

Por fortuna, Ezequías no tomó la vía fácil, sino la *correcta*. Creyó en el Señor y fue testigo de la grandiosa salvación de Jerusalén.

Decisiones como éstas, o fortalecen o debilitan nuestra fe. O confiamos en el Padre, como hizo Ezequías, y vemos la increíble provisión sobrenatural del Señor viviente, o no lo hacemos, y nos veremos forzados a vivir con las devastadoras consecuencias de nuestras decisiones. Amigo, no tiene que manejar sus dificultades con sus propias fuerza imperfectas. Deje todo en manos de Dios, y permita que Él le salve.

3. Su primera respuesta debe ser buscar al Padre antes de acudir a otros

Permítame preguntarle esto: en tiempos de crisis, ¿acude al Señor en primera instancia? ¿O contacta inmediatamente a un amigo? ¿Se arrodilla en oración o acude a su teléfono para llamar a alguien?

No tiene que manejar sus dificultades con su propias fuerzas imperfectas. Deje todo en manos de Dios, y permita que Él le salve.

La razón por la cual le pregunto eso es porque una de las formas en que, sin querer, sacamos al Señor de nuestros problemas, es cuando hablamos de inmediato de nuestras circunstancias con seres queridos, permitiendo que moldeen nuestra visión de la situación. De repente, nuestros problemas parecen mucho más grandes y más fuera de control de lo que realmente son. Consideramos todos los posibles caminos que podríamos tomar y los posibles resultados. Finalmente, los escenarios que pensamos se mezclan en nuestra mente, y olvidamos qué es real y qué es suposición; y cuanto más hablamos de nuestro dilema con otros, más nos confundimos.

Por eso, nuestro primer paso debería ser acudir al Padre. Como nos recuerda 1 Corintios 14.33: «Pues Dios no es Dios de confusión, sino de paz». El Señor quiere guiarnos al mejor curso de acción y lo hará si lo buscamos.

Esto no quiere decir que nunca consultemos a otros. De hecho, ningún cristiano es llamado a «hacerlo todo solo» en su caminar de fe, y las Escrituras nos dicen: «Mas en la multitud de consejeros hay seguridad» (Proverbios 11.14). Debemos hablar con personas piadosas en las que confiemos y respetemos. Por supuesto, debemos también ser muy cautos en cuanto a las personas a quienes les contamos nuestras preocupaciones. Debemos asegurarnos de que nuestros confidentes no solo se enfoquen en Dios, sino que también sean discretos en lo que compartimos con ellos.

El Señor incluso puede mostrarnos con quién hablar. Quizá otra persona está pasando por el mismo problema que usted y es una oportunidad para que ambos se animen y apoyen. Usted puede ayudar a llevar las cargas mutuamente, y ver cómo Dios responde a sus oraciones puede hacer que su fe aumente.

La verdad es que uno de los mayores tesoros en la vida es un amigo cristiano que se interese por usted y camine a su lado cuando esté pasando por tiempos difíciles y se acerque al trono de gracia por usted. No obstante, le reto a desarrollar el hábito de acudir *primero* de todo al Padre con sus problemas. Como hijo suyo que es, tiene el inmenso privilegio de buscarle para aliviar sus cargas (Salmo 55.22). Deje que Él ponga sus dificultades en perspectiva y le dirija. Entonces puede hablar de lo que Él le muestre con un amigo que le apoye con la oración y un consejo sabio.

4. El Señor proveerá la mejor solución para sus problemas

Cuando realmente crea que Dios está interesado en su problema, que Él es más grande que cualquier situación que usted pueda atravesar, y que Él sabe exactamente qué hacer, sus problemas le parecerán más pequeños y menos intimidantes. ¿Por qué? Porque usted está enfocado en el Señor: su Padre todopoderoso, omnisciente y omnipresente.

No solo entiende que Él tiene el mejor plan para vencer sus dificultades, sino que también está usando los problemas de la forma más sabia posible para edificarle. Como nos recuerda Romanos 8.28: «Y sabemos que a los que aman a Dios, todas las cosas les ayudan a bien, esto es, a los que conforme a su propósito son llamados». Él entiende su constitución emocional y espiritual, y sabe exactamente lo que usted necesita para acercarse más a Él, madurar en su fe y ser «hechos conformes a la imagen de su Hijo» (Romanos 8.29).

Por tanto, incluso si la solución de Él tarda en llegar, o si su respuesta demanda de usted un paso de fe, puede estar seguro de que el resultado será una paz más profunda, gozo y contentamiento que nunca antes había experimentado. Y también tendrá la seguridad de que su confianza en los planes y propósitos del Padre tendrán como resultado bendiciones eternas. Cuando esté delante de Él en el día del juicio, recibirá su recompensa por su obediencia (Lucas 6.21–23).

Cuando usted ora, ¿tiende a enfocarse en su problema: los detalles, la gravedad y sus posibles consecuencias? ¿O cree que el Padre puede ayudarle a vencer cualquier punto muerto? ¿Está dispuesto a abordar ese obstáculo en una conversación con el Señor? Le aseguro que si decide enfocarse en los recursos, la grandeza y el amor de Él, sus tribulaciones le parecerán más pequeñas y menos atemorizantes.

Por tanto, enfóquese en el increíble poder del Padre, y confíe en que Él resolverá su situación a su tiempo. En manos de Él, los problemas no son barreras, sino tremendas oportunidades para que usted desarrolle una relación más íntima y dinámica con Él.

> *En manos de Él, los problemas no son barreras, sino tremendas oportunidades para que usted desarrolle una relación más íntima y dinámica con Él.*

CÓMO LIBRAR SUS BATALLAS

Pero quizá se esté preguntando qué hacer cuando no es tan solo un revés lo que está viviendo, sino una batalla abierta; cuando no existen soluciones fáciles, cuando no hay manera de evitar el tsunami de problemas que tiene delante de usted. La prueba que tiene ante usted es abrumadora, agobiante y podría afectar a todo su futuro y al de sus seres queridos.

Quizá me haya oído decir que debemos librar tales batallas de rodillas, pero ¿qué significa eso exactamente? ¿Cómo sería esa conversación con Dios?

Como hizo Ezequías, debemos dejar a un lado nuestras espadas, estrategias y recursos terrenales, así como nuestros derechos a involucrarnos en los conflictos según nuestros propios términos, y permitir que el Señor sea nuestro comandante en jefe.

¿Por qué razón? Porque en estos casos: «no tenemos lucha contra sangre y carne, sino contra principados, contra potestades, contra los gobernadores de las tinieblas de este siglo, contra huestes espirituales de maldad en las regiones celestes» (Efesios 6.12). No estamos involucrados meramente en una disputa humana, sino en un esfuerzo con unas profundas implicaciones eternas que solo pueden abordarse espiritualmente (2 Corintios 10.4–5).

Ahora bien, puede parecer ilógico e incluso un tanto irresponsable no hacer nada y ponerse a orar cuando usted se encuentra en una batalla tan grande y abrumadora que parece que todo en su vida se ha vuelto contra usted. Pero cuando está ante una situación aparentemente perdida y que parece imposible de vencer, lo mejor que puede hacer es *siempre* acudir al Padre.

Y digo esto por experiencia propia. Yo he pasado por

muchos desafíos a lo largo de mi vida, y he aprendido de ellos que pelear nuestras batallas de rodillas es una lección de las más poderosas e importantes que podemos aprender como creyentes.

Una de mis mayores luchas comenzó un año y medio después de haber sido llamado a ser pastor asociado en la Primera Iglesia Bautista en Atlanta. El pastor principal había renunciado y varios miembros del comité del púlpito sugirieron que yo ocupara esa posición. Mientras oraba a Dios al respecto, Él me mostró que era su voluntad para mi vida que yo fuese el pastor principal de la iglesia. Seguí sirviendo, predicando cada domingo en la mañana y en la noche, mientras el comité seguía deliberando. La Primera Iglesia Bautista comenzó a cambiar y a crecer espiritualmente. Era obvio que el Señor estaba actuando.

Fue entonces cuando surgió el conflicto. Había siete miembros adinerados e influyentes de la iglesia a quienes no les gustaba el hecho de que yo buscara la dirección del Padre para cada decisión, o la manera en que enseñaba la Palabra de Dios. Comenzaron a difundir falsas acusaciones acerca de mí. Tristemente, muchas personas creyeron sus invenciones y se unieron al esfuerzo de esos miembros por deshacerse de mí.

La tensión siguió aumentando en los meses siguientes. Ese grupo de personas incluso envió a tres abogados para amenazarme, diciendo: «Si usted no renuncia sin hacer ruido y se va de aquí, nos aseguraremos de que nunca vuelva a pastorear otra iglesia». Fue algo horrible.

Recuerdo lo difícil y desalentador que era salir cada domingo en la mañana y predicar, sabiendo que tantos miembros de la iglesia menospreciaban amargamente todo lo que yo decía y representaba. Me acuerdo que iba a la sala de oración a menudo, e incluso le decía a Dios que no quería ser su pastor; pero durante ese tiempo, el Padre me enseñó que podía confiar en Él, independientemente de quién me rechazara.

> *Dios dijo: «Si quieres ganar esta batalla, debes librarla de rodillas a solas conmigo. No refutes ni te defiendas. Permanece fiel a mí. Yo te protegeré».*

Dios dijo: «Si quieres ganar esta batalla, debes librarla de rodillas a solas conmigo». Me lo dijo muy claro: «No refutes ni te defiendas. Permanece fiel a mí. Yo te protegeré».

También me dio Isaías 54.17 como una promesa: «Ninguna arma forjada contra ti prosperará, y condenarás toda lengua que se levante contra ti en juicio. Esta es la herencia de los siervos de Jehová, y su salvación de mí vendrá».

Más de cuarenta años después, puedo decir con gran gozo que el Padre ha sido totalmente fiel en cumplir todo lo que me enseñó y prometió. Él peleó por mí, me guardó y triunfó en aquella situación insufrible.

DEPENDA DE SU DEFENSOR

Si está enfrentando un reto, y algunas personas o circunstancias parecen haberse alineado contra usted, ¿cómo puede librar esa batalla de rodillas? ¿Cómo puede vencer ese problema a la vez que permanece fiel al Padre?

1. Aparte tiempo para estar a solas con el Padre

En primer lugar, no permita que nada le interrumpa durante su tiempo con el Señor. Sus tiempos a solas con Él deben aumentar, no disminuir.

Es fácil distraerse cuando surgen conflictos. Puede llegar a estar tan ocupado temiendo por sus problemas y buscando soluciones que se olvide de acudir a Aquel que mejor puede ayudarle (Salmo 37.5–9). Quizá incluso se vea tentado a culpar al Señor por permitir la prueba en su vida; pero recuerde que Él conoce su futuro y a todas las personas que se verán afectadas eternamente debido a su obediencia a Él.

Recuerde: Dios conoce su futuro y a todas las personas que se verán afectadas eternamente debido a su obediencia a Él.

Quizá haya algunos aspectos del aprendizaje que usted necesita, que solo pueden llegar mediante ese tipo de problemas. Quizá Él está aumentando su compresión de ciertos tipos de sufrimiento para que sea usted un mejor ministro del evangelio (2 Corintios 1.3–7). Podría ser incluso que haya áreas en su vida que aún no haya sometido a la voluntad de Dios, y Él está usando ese tiempo de prueba para ayudarle a llegar a un punto en que usted se rinda totalmente. Cualquiera que sea el caso, puede tener por seguro que Él no le está derribando, sino edificando.

Por tanto, aparte tiempo para enfocarse solamente en el Padre. No deje que nada se interponga entre usted y su comunión con Él porque es crucial para su éxito.

2. Escuche calladamente al Señor y tenga la confianza de que Él le hablará

Durante ese tiempo de dificultad, dependí mucho de Dios para que dirigiera mis pasos. Sabía que solo Él podía ver todo el camino por delante, y que sabía dónde estaban situadas las trampas en el camino.

Como escribió David: «Los que buscan mi vida arman lazos, y los que procuran mi mal hablan iniquidades, y meditan fraudes todo el día. Mas yo, como si fuera sordo, no oigo; y soy como mudo que no abre la boca… Porque en ti, oh Jehová, he esperado; Tú responderás, Jehová Dios mío» (Salmo 38.12, 13, 15).

De igual forma, Dios quiere guiarle en el camino que debe usted seguir para poder protegerle. No se defienda ni busque personas que se pongan de su lado. Tan solo confíe en el Señor, porque Él tiene una mejor perspectiva que usted de lo que está ocurriendo y puede mantenerle a salvo. Lo único que debe hacer es prestar atención y obedecer su dirección, porque «Jehová irá delante de vosotros, y os congregará el Dios de Israel» (Isaías 52.12). No tenga duda de que Él le protegerá por todos los lados.

3. Si el Señor le revela cualquier pecado en su vida, arrepiéntase de inmediato

Siempre que hay conflicto o confusión en nuestras vidas, deberíamos examinarnos para ver cómo hemos podido contribuir al conflicto. ¿Estamos haciendo frente a las consecuencias de nuestra conducta pecaminosa? ¿Hay alguien a quien deberíamos pedir que nos perdone? ¿Hay alguna restitución que debiéramos hacer? Debemos asegurarnos de que nuestro corazón esté limpio y puro ante Dios si queremos triunfar en nuestra situación.

> *Debemos asegurarnos de que nuestro corazón esté limpio y puro ante Dios si queremos triunfar en nuestra situación.*

Recuerde: el principal objetivo del Padre es tener una relación íntima con usted. Cuando hay pecado, es una evidencia de que usted le está impidiendo a Dios tener acceso total a su vida. Por eso el salmista escribió: «Si en mi corazón hubiera yo abrigado maldad, el Señor no me habría escuchado; pero Dios sí me ha escuchado, ha atendido a la voz de mi plegaria» (Salmo 66.18, 19 NVI). El Padre no competirá para ser el Dueño de su vida. Él quiere que usted lo escoja por encima de sus transgresiones.

Por tanto, póngase de acuerdo con Dios en cuanto a su pecado y permita que Él le enseñe, y así le mostrará cómo cambiar su manera de actuar para tener la máxima intimidad con Él, éxito en su vida e influencia sobre los demás.

4. Recuerde que solo puede haber un General en esta batalla: el Señor

Como escribí anteriormente en este capítulo, cuando libramos nuestras batallas de rodillas, ya no dependemos de nuestras armas, estrategias, habilidades o recursos. Renunciamos al derecho a involucrarnos en el conflicto según nuestros propios términos o a intentar encontrar nuestras propias soluciones. En cambio, permitimos que el Padre sea nuestro comandante en jefe.

David entendió esto y escribió: «Ahora conozco que Jehová salva a su ungido; lo oirá desde sus santos cielos con la potencia salvadora de su diestra. Estos confían en carros, y aquellos en caballos; mas nosotros del nombre de Jehová nuestro Dios tendremos memoria. Ellos flaquean y caen, mas nosotros nos levantamos, y estamos en pie» (Salmo 20.6–8).

Dios usa voluntariamente su poder sobrenatural para defenderle, instruirle y sacar a relucir todo su potencial. Sin embargo, usted debe estar dispuesto a reconocer que Él está en control y conoce el camino que le queda por recorrer mejor que usted. Para lograr la victoria que el Señor ha concebido, usted debe rendirse totalmente a Él.

Esto puede significar dar un paso de fe cuando sea muy incómodo e incluso aterrador hacerlo (Josué 6). También puede indicar que debe usted abandonar temporalmente algunos de sus objetivos para buscar los objetivos que el Señor tiene para usted (1 Samuel 24). Aunque sus mandamientos le resulten incómodos, obedézcale sin dudarlo. Decida confiar en la dirección del Padre, sabiendo de todo corazón que «TODO AQUEL QUE EN ÉL CREYERE NO SERÁ AVERGONZADO» (Romanos 10.11). Él es un General experimentado y fiel que nunca ha perdido una batalla, y ciertamente no le defraudará.

Para lograr la victoria que el Señor ha concebido, usted debe rendirse totalmente a Él.

5. Sepa que las personas no son su enemigo; el pecado sí lo es

A veces, sus pruebas serán el resultado de las acciones de otras personas, como fue mi caso en First Baptist. Durante esas épocas difíciles, será importante recordar que Dios ama a todas las personas y que todos necesitan que Jesús sea su Salvador. Y si quienes se oponen son creyentes, también ellos son sus hermanos y hermanas en Cristo.

Le digo esto porque el Señor es muy claro: «Si alguno dice: Yo amo a Dios, y aborrece a su hermano, es mentiroso. Pues el que no ama a su hermano a quien ha visto, ¿cómo puede amar a Dios a quien no ha visto?» (1 Juan 4.20). Por esa razón debemos hacer todo esfuerzo posible para asegurarnos de que la ira, la amargura o el rencor no echen raíces en nuestro corazón. En cambio, somos llamados a amar a otros como Cristo nos amó: con compasión, misericordia, gracia y perdón (Lucas 23.34; Efesios 4.32). Al interesarnos por ellos, mostramos nuestra devoción al Padre (Mateo 25.34–40; Juan 13.34–35).

Recuerde: las personas no son nuestro enemigo; el pecado sí lo es. Y si libramos nuestras batallas de rodillas, Dios no solo nos ayudará a ser victoriosos, sino que también redimirá a quienes se nos oponen. Por tanto, no debe actuar nunca de forma que desprestigie el nombre de Jesús o que obstaculice que otros le sigan en obediencia. El objetivo es siempre guiar a cualquier persona con la que estemos en contacto, a la fe y la confianza en Cristo.

6. Entienda que los momentos oscuros de su vida duran solo lo necesario

Aunque es cierto que hay batallas que seguiremos librando durante el resto de nuestra vida, cometemos un grave error si al ver nuestras circunstancias pensamos: «Las cosas nunca cambiarán». No hay nada más desalentador que estar convencidos de que nuestras situaciones difíciles no pueden mejorar o nunca lo harán.

> *Cometemos un grave error si al ver nuestras circunstancias pensamos: «Las cosas nunca cambiarán».*

Esa equivocada suposición normalmente se deriva de un concepto erróneo del carácter de Dios o de su capacidad para redimirnos. O bien le percibimos como un capataz cruel que se deleita en nuestro sufrimiento, o nos vemos a nosotros mismos como personas tan quebrantadas que no merecemos nada mejor. Y sin embargo, le puedo asegurar que el desánimo y la derrota nunca son la voluntad de Dios para su pueblo.

En Lamentaciones 3.32–33 se nos enseña: «Antes si aflige, también se compadece según la multitud de sus misericordias; porque no aflige ni entristece voluntariamente a los hijos de los hombres».

El Padre no quiere causarnos sufrimiento; Él solo desea librarnos de la esclavitud del pecado o impedir que experimentemos sufrimientos más terrible más adelante. Como un cirujano que extrae un tumor cancerígeno, el procedimiento puede ser doloroso, pero vale la pena pagar el precio de eliminar aquello que nos está matando.

Él también permite que haya adversidad con el propósito de enseñarnos a servirlo. Así que cuando soportamos pruebas que nos equipan para servirlo con mayor eficacia, debemos pensar en nosotros mismos como atletas espirituales en entrenamiento (1 Corintios 9.23–25; 2 Timoteo 2.5). Él ejercita nuestra fe, perseverancia y esperanza: músculos espirituales que permiten que «corramos con paciencia la carrera que tenemos por delante» (Hebreos 12.1).

Sin embargo, esta lección no dura toda la vida. La adversidad solo dura lo necesario hasta que el Padre logre su propósito en su vida. En otras palabras, Dios limita el sufrimiento que usted experimenta. Él sabe lo que usted es capaz de soportar y lo que necesita exactamente. Por tanto, no se desanime, sino cobre ánimo porque lo que Él está produciendo en usted es extremadamente valioso y eterno (2 Corintios 4.16–18).

7. Considere todo lo que le ocurre como proveniente de Dios

Una de las lecciones más importantes que el Padre me ha enseñado, es considerar que toda adversidad proviene de Él para mi bien. Mediante nuestras pruebas, Él nos acerca más a sí mismo, nos conforma al carácter de Cristo, nos prepara para el ministerio, nos revela nuestro pecado y fortalece nuestra fe. Entender esta verdad nos protege de amargura, resentimiento y hostilidad hacia quienes nos hacen mal (Génesis 50.20). También impide que nos desanimemos cuando las pruebas nos asaltan.

Considere que toda adversidad proviene del Padre para su bien.

Vimos anteriormente en este mismo capítulo lo que dice Romanos 8.28: «Y sabemos que a los que aman a Dios, todas las cosas les ayudan a bien, esto es, a los que conforme a su propósito son llamados». Puede que usted y yo experimentemos pérdidas terrenales durante una batalla, pero si la lucha nos lleva hasta el punto de total rendición al Señor, podemos considerarla una victoria espiritual.

Igualmente, existen otras promesas a lo largo de las Escrituras que demuestran los efectos purificadores y edificantes de la adversidad:

- «Mas él conoce mi camino; me probará, y saldré como oro» (Job 23.10).
- «Bueno me es haber sido humillado, para que aprenda tus estatutos» (Salmo 119.71).
- «Bien que os dará el Señor pan de congoja y

agua de angustia, con todo, tus maestros nunca más te serán quitados, sino que tus ojos verán a tus maestros. Entonces tus oídos oirán a tus espaldas palabra que diga: Este es el camino, andad por él; y no echéis a la mano derecha, ni tampoco torzáis a la mano izquierda» (Isaías 30.20, 21).

- «Aunque la higuera no florezca, ni en las vides haya frutos, aunque falte el producto del olivo, y los labrados no den mantenimiento, y las ovejas sean quitadas de la majada, y no haya vacas en los corrales; con todo, yo me alegraré en Jehová, y me gozaré en el Dios de mi salvación. Jehová el Señor es mi fortaleza, el cual hace mis pies como de ciervas, y en mis alturas me hace andar» (Habacuc 3.17–19).

- «Y meteré en el fuego a la tercera parte, y los fundiré como se funde la plata, y los probaré como se prueba el oro. El invocará mi nombre, y yo le oiré, y diré: Pueblo mío; y él dirá: Jehová es mi Dios» (Zacarías 13.9).

- «Y nos gloriamos en la esperanza de la gloria de Dios. Y no sólo esto, sino que también nos gloriamos en las tribulaciones, sabiendo que la tribulación produce paciencia; y la paciencia, prueba; y la prueba, esperanza; la esperanza no avergüenza; porque el amor de Dios ha sido derramado en nuestros corazones por el Espíritu Santo que nos fue dado» (Romanos 5.2–5).

- «Hermanos míos, tened por sumo gozo cuando os halléis en diversas pruebas, sabiendo que la prueba de vuestra fe produce paciencia. Mas tenga la paciencia su obra completa, para que seáis perfectos y cabales, sin que os falte cosa alguna» (Santiago 1.2–4).

- «En lo cual vosotros os alegráis, aunque ahora por un poco de tiempo, si es necesario, tengáis que ser afligidos en diversas pruebas, para que sometida a prueba vuestra fe, mucho más preciosa que el oro, el cual aunque perecedero se prueba con fuego, sea hallada en alabanza, gloria y honra cuando sea manifestado Jesucristo» (1 Pedro 1.6, 7).

Por tanto, si el Padre permite una prueba o un desafío en su vida, tenga la certeza de que finalmente será para su propio bien y para la gloria de Dios. El saber que Él ha permitido los problemas en su vida para su bien, hace que sea más fácil perdonar a quienes le hirieron y soportar las dificultades todo el tiempo que sea necesario.

EL PROPÓSITO DEL AYUNO EN LA CONVERSACIÓN SUPREMA

Por lo general, es en este punto donde algunos se preguntarán acerca del lugar que ocupa el ayuno en nuestra relación con el Padre. A menudo, el deseo de indagar en esta disciplina espiritual está impulsado por un deseo de aliviar el estrés de una prueba en particular. Pero a veces, una persona quiere conocer sinceramente la voluntad de Dios en su situación. La persona preguntará: «¿Se debería ayunar al experimentar un problema como el que estoy pasando? ¿Servirá de algo?».

Por supuesto que sí. El ayuno puede ser una de las experiencias más poderosas y profundamente íntimas de la vida cristiana.

Ayunar significa abstenerse de algo con el propósito de dedicar ese tiempo a buscar al Señor: su dirección y su voluntad para nuestra vida. Normalmente, significa dejar de comer, dormir o ciertas actividades como ver la televisión o un pasatiempo favorito, de modo que podamos estar libres de distracciones al escuchar al Padre. La idea es que si quitamos las cosas que tienen nuestra atención, podemos enfocarnos más en Dios.

El ayuno puede ser una de las experiencias más poderosas y profundamente íntimas de la vida cristiana.

Tristemente, existe mucha confusión sobre esta excelente práctica espiritual. En vez de considerarla una oportunidad de relacionarnos con el Padre con mayor profundidad, algunos creen que es un ritual religioso para impresionar a Dios con la intensidad de su devoción. Otros esperan que su sacrificio, o bien acelerará la respuesta del Señor o influirá en Él para que responda a su petición de una cierta manera. Algunos incluso usan el ayuno como un plan de dieta.

Sin embargo, ninguno de esos motivos reflejan el propósito bíblico del ayuno. Jesús dijo:

> Cuando ayunéis, no seáis austeros, como los hipócritas; porque ellos demudan sus rostros para mostrar a los hombres que ayunan; de cierto os digo que ya tienen su recompensa. Pero tú, cuando ayunes, unge tu cabeza y lava tu rostro, para no mostrar a los hombres que ayunas, sino a tu Padre que está en secreto; y tu Padre que ve en lo secreto te recompensará en público (Mateo 6.16–18).

En otras palabras, usted y yo nunca debemos ayunar solo para impresionar a alguien o para persuadir al Padre para que haga algo que queremos. Ese no es el propósito; más bien, ayunamos para preparar nuestro corazón para cumplir la voluntad de Dios; para enfocarnos en la presencia del Señor de tal forma que podamos oír su voz y entender cómo quiere que actuemos: esa es nuestra recompensa.

No tendrá ningún fruto ayunar a menos que nuestro propósito sea la intimidad con el Padre. Esto se debe a que al someternos a Dios, Él reemplaza nuestra agenda por la suya, tratando con nosotros de varias formas: sacando a la superficie nuestras heridas, pecados y hábitos destructivos para que podamos ser libres de ellos. ¿Por qué? Porque usted y yo somos más eficientes cuando somos puros de corazón. Y al conectar con Él y recibir lo que tiene que mostrarnos, Él demuestra su amor incondicional hacia nosotros de formas que nunca antes hemos experimentado.

¿Le ayudará el ayuno durante los tiempos de dificultad? ¿Marca alguna diferencia esta disciplina espiritual? Sí, por supuesto que sí. El ayunar enfoca su atención en el Padre mientras libra sus batallas de rodillas; y eso, amigo mío, es una receta para la victoria, independientemente de los desafíos que pueda experimentar.

GANE ESTA BATALLA CON SUS OJOS PUESTOS EN DIOS

Una cosa más acerca de ese tiempo difícil en la Primera Iglesia Bautista que espero que sea de bendición para usted.

Durante aquel tiempo, a menudo me sentía muy solo y desamparado. Eso suele ser un subproducto de nuestras luchas: nos aíslan de otros porque sentimos que nadie entiende verdaderamente lo que estamos viviendo. El dolor es tan profundo y las inseguridades tan fuertes que dudamos de que alguien más haya podido sentirse alguna vez tan mal como nos sentimos nosotros. Por supuesto, lo cierto es que no estamos solos. Realmente, nunca lo estamos.

Enfoque su atención en el Padre mientras libra sus batallas de rodillas; es una receta para la victoria, independientemente de los desafíos que pueda experimentar.

Recuerdo que un día, durante esa triste ocasión, el Padre me animó mucho mediante una señora muy querida de unos ochenta años llamada Sra. Sauls. Ella me enseñó un bonito cuadro de Daniel en el foso de los leones, una copia de una pintura original creada por Briton Rivière en la década de 1890.

La Sra. Sauls tranquilamente me dijo: «Hijo, mira ese cuadro. Quiero que me digas lo que ves». Yo describí la escena. Mostraba a los leones juntos detrás de Daniel, con sus fauces cerradas y huesos esparcidos por el suelo. Pero Daniel parecía no estar preocupado. Sus manos descansaban detrás de su espalda y miraba hacia arriba, a la luz que entraba a través de los barrotes de la ventana de su celda.

Ella me preguntó: «¿Ves algo más?».

Yo respondí: «No señora». Nunca olvidaré lo que me dijo después, ya que fue uno de los mejores sermones que he oído nunca.

La Sra. Sauls rodeó mi cintura con su brazo y me dijo: «Hijo, Daniel no tiene sus ojos en los leones, sino en Dios». Le puedo decir que fue como si el Padre me abrazara, llenándome de fuerza y consuelo.

Es que Daniel había sido acusado injustamente como me había sucedido a mí (Daniel 6). Sus enemigos habían engañado al rey Darío para que le castigara por adorar a Dios. La sentencia era morir devorado por leones; sin embargo, él mantuvo sus ojos en el Señor a pesar de sus terribles circunstancias, y fue milagrosamente protegido.

En ese momento, fue como si Dios me estuviera prometiendo que Él triunfaría en mi batalla como lo hizo en la de Daniel. Recuerdo cuánto me animó ese mensaje aquel día hace tanto tiempo; y lo recuerdo hoy con la intención de animarle a usted.

Si quiere ganar las batallas que libra, debe luchar de rodillas a solas con Dios. No discuta ni se defienda; permanezca fiel a Él y el Señor le protegerá. Mantenga sus ojos en el Padre, en lugar de ponerlos en cualquier situación que pueda presentarse, y Él le conducirá a la victoria.

> *Mantenga sus ojos en el Padre, y Él le conducirá a la victoria.*

Por tanto, permítame preguntarle: ¿está usted viviendo hoy una prueba terrible? ¿Le cuesta conciliar el sueño, preguntándose: *«Padre, ¿qué voy a hacer? No sé cómo seguir adelante»*. ¿Le están venciendo el dolor y el vacío que le provocan sus problemas?

Si es el caso, le desafío a que lea la historia de Daniel 6, cuando este hombre de Dios se enfrentó al foso de los leones manteniendo sus ojos en el Señor. Entonces aférrese a su Padre celestial. Luche esta batalla de rodillas, no con sus propias armas, estrategias o recursos, sino con fe en Dios. Confíe en Él en medio de sus dudas y dificultades manteniendo la conversación suprema con Él. Invite al Señor a ser su Redentor, Defensor, General, Domador de leones y Protector. No es solo la mejor forma de ganar, sino el camino eterno más maravilloso para triunfar todas las veces.

||||||||||||||||||||||||||||||||||||||||||||||||||||||||||||||||||||||||||||||||||||||||||||||||||||||

Padre, qué agradecidos estamos por tu amor indescriptible. Verdaderamente, no hay un Defensor, Guerrero o Rey como tú, ni en el cielo ni en la tierra. Independientemente de los obstáculos que haya en nuestro camino, tú los vences fácilmente. No importan los conflictos y pruebas que experimentemos, porque tú siempre sales triunfante.

Padre, oro especialmente por este querido lector hoy. Que

las dudas y dificultades que le asaltan lleven a esta persona a una conversación más profunda e invariable contigo. Que esta persona aprenda la maravillosa bendición de poder luchar cada batalla de rodillas en oración y en total dependencia de ti.

Señor, gracias por estar siempre disponible para nosotros. Ayúdanos a esperar tu tiempo perfecto, a confiar en ti en cada paso del camino y a estar dispuestos a obedecerte en todo lo que nos pidas.

Te lo pido en el maravilloso, santo y poderoso nombre de Jesús. Amén.

10

HABLAR CON DIOS A
FAVOR DE OTROS

*Cómo saber que está orando conforme
a la voluntad de Dios*

Recientemente, hablé con una telespectadora que había luchado con una carga de oración por más de treinta y cinco años. Una de sus amigas de toda la vida tenía una hija que estaba perdida y necesitaba desesperadamente a Jesús en su corazón como su Salvador. Probablemente entienda lo devastador que era para esa madre y su amiga ver pasar los años y las décadas. Esa joven cometía un error tras otro, intentando llenar su profunda necesidad de Dios con cosas que sencillamente no la podían satisfacer. Cuanto más intentaban otras personas de hablarle del amor de Jesús que transforma vidas, más se alejaba de ellas y del Padre.

Finalmente se dieron cuenta de que tendrían que pelear esa batalla de rodillas. Fueron fieles en interceder por esa chica y confiaron en que el Señor oiría y contestaría sus oraciones. Pero la verdad era que habían estado orando durante mucho tiempo; y como puede imaginar, sus esperanzas de que esa mujer fuera salva se debilitaban cada vez más.

Entonces, un día, la hija de su amiga acudió a ver a esta telespectora. Fue una sorpresa, pero invitó a esa joven a entrar y a sentarse. Había algo diferente en el rostro de esa chica. Había cierta tristeza, pero había también una dulzura y una paz en su rostro que nunca antes había visto en ella.

Las lágrimas comenzaron a aflorar cuando la mujer admitió: «He cometido un grave error en mi vida. He rechazado a Dios porque pensaba que Él tenía algo que ver con el abuso que sufrí de niña. Clamaba a Él, preguntándole: "¿Por qué dejaste que ocurriera? ¿Por qué no me protegiste?" Pero entonces me di cuenta de que solo sobreviví a ese trauma porque Él me amaba y porque me ayudó a soportarlo. He venido aquí hoy porque sé que has estado intentando hablarme de su amor durante años y que has orado por mí fielmente, y quería que supieras que he entregado mi vida al Señor. Jesús es mi Salvador».

Mientras esta fiel guerrera de oración me contaba su historia, tenía una sonrisa de oreja a oreja, y me dijo: «No puedo expresar el gozo que tengo en mi corazón. Había orado fervientemente y con muchas lágrimas por esa muchacha. Había comenzado a preguntarme si el Señor me permitiría vivir lo suficiente para poder ver su reconciliación con Él. Cuando llegó el día en que ella me contó que había recibido a Cristo como su Salvador, experimenté la mayor sensación de victoria y alivio que jamás haya sentido ¡Qué sabio y maravilloso es el Dios a quien servimos!». Sin duda, lo es.

¿Ha sentido usted alguna vez una carga de oración así de profunda por otra persona? Quizá haya alguien en su vida que se encuentra en una situación parecida, una alma con una necesidad desesperada de Cristo como Salvador. Los años han pasado y usted anhela ver a esa persona recibir el evangelio, pero por alguna razón esa persona se aleja cada vez más al oír el nombre de Dios.

O quizá haya una persona que conoce y que usted sabe que está sufriendo mucho y necesitan el amoroso consuelo y la dirección del Señor. Quiere ser libre de la esclavitud que padece, pero o bien no sabe cómo, o tiene miedo de actuar con fe. ¿Cómo puede usted interceder por esa persona sin interferir en lo que Dios está logrando en ella?

¿Cómo puede usted intercede por una persona, sin interferir en lo que Dios está logrando en ella?

Quizá haya alguna persona joven en su círculo de influencia que obviamente tiene un llamado al ministerio, que está apartada para servir al Padre. Le espera la mejor vida: vivir para edificar el reino de Dios; pero usted también sabe que ese futuro estará lleno de desafíos, pruebas que ensancharán su confianza en el Señor y destruirán cualquier rebeldía que tenga. ¿Cómo puede orar por él o ella? ¿Cómo puede usted aceptar la necesidad de la enseñanza y la disciplina del Padre en la vida de esa persona, por muy difícil que sea observar lo que Él está haciendo?

ORAR POR OTROS

Es posible que usted esté desconcertado pensando *por qué* Dios le llama a orar por otra persona. Santiago 5.16 nos dice: «Confesaos vuestras ofensas unos a otros, y orad unos por otros, para que seáis sanados. La oración eficaz del justo puede mucho».

Pero si esta conversación suprema tiene que ver con su íntimo caminar con el Padre, entonces, ¿por qué hablar de otros mientras interactuamos con Él? ¿Por qué le daría Dios una carga por otra persona o por un grupo de personas?

Existen varias razones:

1. *Mirar más allá de nosotros mismos*

En primer lugar, el amor incondicional del Padre está centrado hacia afuera, buscando siempre nuestro bien. Así que a medida que crecemos en su carácter, hemos de ser cada vez más como Él, interesándonos misericordiosamente por otros en su nombre. Como dijo Jesús: «En esto conocerán todos que sois mis discípulos, si tuviereis amor los unos con los otros» (Juan 13.35).

Recuerde: ningún cristiano ha sido llamado nunca a «ir solo» en su caminar de fe. Nos necesitamos unos a otros para crecer en nuestra relación con Dios. Por tanto, el Señor nos pide que intercedamos por otros para ayudarnos a ir más allá de nuestras preocupaciones y poder llegar a las necesidades espirituales, físicas, emocionales y relacionales de otros. Esto no es solo por el bien de ellos, sino también para que nosotros crezcamos a la semejanza del Señor.

> *El Señor nos pide que intercedamos por otros, no solo por el bien de ellos, sino también para que nosotros crezcamos a la semejanza del Señor.*

2. Cuidar del Cuerpo de Cristo en todo el mundo

En segundo lugar, el Señor quiere que seamos conscientes de que hay creyentes en todo el mundo que están predicando fielmente el evangelio en medio de una gran persecución. Ese era el caso que se daba en Tesalónica (Hechos 17.1–9), donde los tesalonicenses eran aislados y maltratados por muchos en su comunidad.

Así que en su segunda carta, Pablo les escribió diciendo:

Debemos siempre dar gracias a Dios por vosotros, hermanos, como es digno, por cuanto vuestra fe va creciendo, y el amor de todos y cada uno de vosotros abunda para con los demás; tanto, que *nosotros mismos nos gloriamos de vosotros en las iglesias de Dios, por vuestra paciencia y fe en todas vuestras persecuciones y tribulaciones que soportáis...* Por lo cual asimismo oramos siempre por vosotros, *para que nuestro Dios os tenga por dignos de su llamamiento, y cumpla todo propósito de bondad y toda obra de fe con su poder, para que el nombre de nuestro Señor Jesucristo sea glorificado en vosotros, y vosotros en él*, por la gracia de nuestro Dios y del Señor Jesucristo (2 Tesalonicenses 1.3,4, 11, 12, énfasis añadido).

Del mismo modo, deberíamos interceder por cristianos en todo el mundo que están sufriendo por su fe. El Señor usa nuestra conversación con Él para unirnos como una familia espiritual, para unir nuestros corazones en el propósito de proclamar las buenas nuevas de salvación en Jesucristo, y para guiar a los perdidos a que conozcan a Dios personalmente.

Entender la gran confianza que ellos tienen en el Señor en medio de la opresión nos da el valor para perseverar en nuestros propios tiempos de adversidad. Y al interceder por ellos, el Señor hace que seamos conscientes de sus necesidades y obra a través de nosotros para proveer para ellos (2 Corintios 8; Santiago 2.15–16).

3. Recibir una parte de la bendición

En tercer lugar, Dios quiere que oremos unos por otros porque quiere que compartamos el gozo que se produce cuando Él responde a nuestras peticiones, ya sea cuando Él suple las necesidades de alguien o lleva a esa persona a la victoria en una situación difícil. Nuestros triunfos son más dulces y los sufrimientos más llevaderos cuando tenemos a alguien con quien compartirlos.

Por esta razón, Romanos 12.15 nos dice: «Gozaos con los que se gozan; llorad con los que lloran». Recibimos consuelo al saber que no estamos solos en nuestras pruebas, que tenemos seres queridos que nos ayudarán a llevar nuestras cargas, así como nosotros haremos algún día con ellos (Gálatas 6.2). Y cuando vemos que Dios responde a nuestras oraciones por otros, nuestra fe crece, y sabemos que Él también cumplirá sus promesas en nuestra vida.

> *Nuestros triunfos son más dulces y los sufrimientos más llevaderos cuando tenemos a alguien con quien compartirlos.*

4. *Evitar que pequemos y limpiarnos del pecado*

En cuarto lugar, Jesús nos enseña: «Pero yo os digo: Amad a vuestros enemigos, bendecid a los que os maldicen, haced bien a los que os aborrecen, y orad por los que os ultrajan y os persiguen; para que seáis hijos de vuestro Padre que está en los cielos, que hace salir su sol sobre malos y buenos, y que hace llover sobre justos e injustos» (Mateo 5.44–45).

Como hemos discutido, la falta de perdón es tremendamente destructiva. Conozco a personas que han pasado años atados a su amargura y resentimiento.

Pero cuando intercedemos por quienes se nos oponen, invitamos a que la compasión de Dios por ellos entre en nuestro corazón. En lugar de pensar cómo nos vengaremos por lo que nos han hecho, le pedimos al Padre que les ayude a alinearse con su voluntad. De esta forma, protegemos nuestro corazón de pecado y también oramos en su voluntad.

> *Cuando intercedemos por quienes se nos oponen, invitamos a que la compasión de Dios por ellos entre en nuestro corazón.*

5. *Acercarnos más a Dios*

La razón final por la que el Señor puede poner una carga en nosotros por otra persona, es simplemente para que nos acerquemos más a Él. Pablo mostró este profundo cuidado por su hijo en la fe, Timoteo. Él escribió:

A Timoteo, amado hijo: Gracia, misericordia y paz, de Dios Padre y de Jesucristo nuestro Señor. Doy gracias a Dios, al cual sirvo desde mis mayores con limpia conciencia, de que sin cesar me acuerdo de ti en mis oraciones noche y día; deseando verte, al acordarme de tus lágrimas, para llenarme de gozo; trayendo a la memoria la fe no fingida que hay en ti, la cual habitó primero en tu abuela Loida, y en tu madre Eunice, y estoy seguro que en ti también. Por lo cual te aconsejo que avives el fuego del don de Dios que está en ti por la imposición de mis manos. Porque no nos ha dado Dios espíritu de cobardía, sino de poder, de amor y de dominio propio (2 Timoteo 1.2–7).

Pablo entendía que el Señor estaba cuidando perfectamente de Timoteo; sin embargo, su amor y preocupación por el joven pastor de la iglesia en Éfeso le llevó a arrodillarse. A la vez, mientras oraba para que Timoteo fuera fortalecido, Pablo mismo estaba más cerca de Dios y recibía así más poder para afrontar con valor su inminente ejecución.

En las últimas líneas de la última epístola que escribió, Pablo testificaba: «Y el Señor me librará de toda obra mala, y me preservará para su reino celestial. A él sea gloria por los siglos de los siglos. Amén» (2 Timoteo 4.18).

¡Qué testimonio más valiente ante la muerte! No obstante, recuerde que cualquier cosa que nos motive a pasar tiempo en la presencia del Padre es finalmente buena. Y se debe a que nuestra intimidad con Dios, la mayor prioridad de Dios para nuestra vida, determina el impacto de nuestra existencia. Por tanto, nuestra preocupación por otros, si la vivimos en oración, profundiza nuestra dependencia y relación con el Padre.

¿QUÉ DIGO?

Entonces, ¿cómo responde usted cuando una persona le pida que ore por ella o cuando el Padre le da una carga para interceder por alguien? ¿Responde con confianza? ¿O teme que sus peticiones sean acertadas?

En el primer capítulo de Colosenses, el apóstol Pablo nos da un modelo poderoso para interceder. Se puede usar para llevar a cualquier persona al Señor, independientemente de cuál sea su necesidad, porque viene directamente de la Palabra de Dios. Podemos tener confianza en que el Padre responderá nuestras peticiones, y cuando le pedimos con sinceridad y coherencia, tenemos la seguridad de que Él también nos usará para impactar a quienes nos rodean de maneras positivas y eternas.

Pablo escribe:

Damos gracias a Dios, Padre de nuestro Señor Jesucristo, habiendo oído de vuestra fe en Cristo Jesús, y del amor que tenéis a todos los santos...

Por lo cual también nosotros, desde el día que lo oímos, no cesamos de orar por vosotros, y de pedir *que seáis llenos del conocimiento de su voluntad* en toda sabiduría e inteligencia espiritual, para que *andéis como es digno del Señor*, agradándole en todo, *llevando fruto en toda buena obra, y creciendo en el conocimiento de Dios; fortalecidos con todo poder,* conforme a la potencia de su gloria, para toda paciencia y longanimidad; con gozo dando gracias al Padre que nos hizo aptos para participar de la herencia de los santos en luz (Colosenses 1.3–12).

En este pasaje, el apóstol Pablo nos da un ejemplo excelente de cómo interceder conforme a la voluntad de Dios, especialmente cuando no sabemos exactamente qué pedir por alguien. Es posible que Pablo nunca visitara la iglesia en Colosas y que nunca hubiera conocido a las personas que allí había. Puede que nunca fuera a ellas, porque estaba en prisión cuando escribió esta carta (Colosenses 4.18). Sabía acerca de la iglesia mediante su amigo y fiel colaborador en Cristo, Epafras (Colosenses 1.7). Pablo dijo que Epafras era: «siervo de Cristo, siempre rogando encarecidamente por vosotros en sus oraciones, para que estéis firmes, perfectos y completos en todo lo que Dios quiere» (Colosenses 4.12).

Cuando Pablo se enteró de que unas falsas doctrinas habían comenzado a infectar la congregación, el apóstol actuó. Después de todo, amaba a sus queridos hermanos y hermanas en Cristo y quería para ellos lo mejor aunque no les conocía personalmente. Sin embargo, eso era igualmente un reto para él. Al no poder evaluar la situación de primera mano, ni entender las distintas personalidades de dichas personas, ni conocer las peticiones de oración concretas, lo único que le quedaba a Pablo eran unos cuantos hechos, además de una gran carga.

Pablo nos da un ejemplo excelente de cómo interceder de manera general en su forma pero profunda en su aplicación.

SEIS PETICIONES CLAVE

Quizá usted también esté ante una situación que es igualmente imprecisa. No sabe qué es lo que el Padre quiere hacer en las vidas de las personas, si necesitan sanidad, protección, disciplina o simplemente consuelo. ¿Cómo puede orar por otros sin estorbar lo que Dios desea hacer en ellos y por medio de ellos?

Por fortuna, cuando no conocemos los detalles de las circunstancias de una persona, podemos tener por seguro que el Señor sí lo sabe. Y Pablo nos da un ejemplo excelente de cómo interceder de manera general en su forma pero profunda en su aplicación. Es poderosa porque cada petición está perfectamente en línea con la voluntad del Padre revelada en su Palabra, suple cada necesidad que podamos tener en la vida y está centrada en el gran Solucionador de problemas. No hay nada egoísta en ninguna parte de la misma, sino que cada palabra magnifica su glorioso nombre.

Por tanto, examinemos las seis peticiones de Pablo y aprendamos la oración mediante la cual Dios cambia vidas.

1. Un conocimiento de la voluntad de Dios

Pablo pidió que los colosenses fueran «llenos del conocimiento de su voluntad en toda sabiduría e inteligencia espiritual» (Colosenses 1.9). Esta primera petición es fundamental para todas nuestras peticiones porque Dios desea que todas las personas entiendan sus planes únicos para ellas y que vean sus circunstancias desde el punto de vista de Él. También podemos pedir que el Señor dé a las personas sabiduría e inteligencia espiritual porque deben saber cómo aplicar la voluntad del Padre a su vida; es decir, existir para los propósitos de Dios y no para los suyos propios.

Después de todo, el Señor tiene cosas concretas para que cada uno de nosotros haga. Efesios 2.10 nos dice: «Porque somos hechura suya, creados en Cristo Jesús para buenas obras, las cuales Dios preparó de antemano para que anduviésemos en ellas». Todos hemos sido formados con un conjunto específico de habilidades, talentos y rasgos de personalidad para servirle (Salmo 139.13–16); y cuando aceptamos los objetivos y metas del Padre es cuando encontramos satisfacción y plenitud en la vida.

Por tanto, pedir al Señor que revele su voluntad es la forma perfecta de comenzar nuestras peticiones. Cuando oramos para que los planes del Señor se cumplan en la vida de una persona, sabemos que estamos pidiendo lo mejor para él o ella.

> *Cuando oramos para que los planes del Señor se cumplan en la vida de una persona, sabemos que estamos pidiendo lo mejor para ella.*

2. Un andar digno

Como sabemos, Pablo estaba dirigiéndose a la iglesia en Colosas: cristianos que tenían fe en Jesús como su Salvador. Así que era bueno y justo que Pablo orase para que «[como es digno del Señor» (Colosenses 1.10).

Como creyentes, somos los representantes del Padre, o como nos enseña 2 Corintios 5.20: «Así que, somos embajadores en nombre de Cristo, como si Dios rogase por medio de nosotros; os rogamos en nombre de Cristo: Reconciliaos con Dios». No es suficiente con que caminemos simplemente por el camino que el Padre tiene para nosotros; debemos también hacerlo de una forma que honre su nombre y ayude a otros a conocerlo. Nuestras vidas testifican del Señor al que servimos, así que debemos serle obedientes y comportarnos de manera coherente con su carácter.

Para los que vivían en tiempos de Pablo, esto significaba permanecer en el andar cristiano y no regresar a las prácticas paganas. Para aquellos por los que oramos, significa: «Amaos los unos a los otros con amor fraternal; en cuanto a honra, prefiriéndoos los unos a los otros. En lo que requiere diligencia, no perezosos; fervientes en espíritu, sirviendo al Señor; gozosos en la esperanza; sufridos en la tribulación; constantes en la oración; compartiendo para las necesidades de los santos; practicando la hospitalidad» (Romanos 12.10–13).

Por tanto, pida al Padre que ayude a la persona por la que está orando a vivir de una manera que honre su nombre, para que su conversación, carácter y conducta sean agradables a Él. Ciertamente, Él guiará a su ser querido a tomar las decisiones correctas y actuará a través de su vida para marcar una diferencia en las vidas de otros.

3. *Un trabajo fructífero*

La tercera petición de Pablo fue que los colosenses llevaran «fruto en toda buena obra» (Colosenses 1.10). Esto se debe a que, como creyentes, servimos al Dios eterno y nuestra vida puede y debería tener un impacto eterno. Tenemos el privilegio de invertir el tiempo, los talentos y las habilidades que el Señor nos ha dado en su reino, sabiendo que todo lo que logremos en obediencia a Él perdurará para siempre.

Pida al Padre que ayude a la persona por la que está orando a vivir de una manera que honre su nombre y le agrade.

He visto un ejemplo excelente de esto en muchos traductores del Instituto Lingüístico de Verano, que he conocido a lo largo de los años. Algunos pasaron décadas en regiones remotas del mundo, en condiciones peligrosas y primitivas, traduciendo la Palabra de Dios para grupos étnicos que a menudo no tenían ni tan siquiera un lenguaje escrito. No lograron riquezas, posición o poder según las normas del mundo; ninguno afirmó tener una cartera financiera abundante ni muchas propiedades; pero produjeron un fruto con un valor infinitamente mayor: influenciar almas y guiarles a tener una relación creciente con Jesucristo. Hay personas que tienen vida eterna porque esos traductores permitieron que Dios obrara a través de ellos. Ciertamente, no hay mayor recompensa que esa (Proverbios 11.30).

Como dijo Jesús: «Mi comida es que haga la voluntad del que me envió, y que acabe su obra. ¿No decís vosotros: Aún faltan cuatro meses para que llegue la siega? He aquí os digo: Alzad vuestros ojos y mirad los campos, porque ya están blancos para la siega. Y el que siega recibe salario, y recoge fruto para vida eterna, para que el que siembra goce juntamente con el que siega» (Juan 4.34–36).

Enfóquese siempre en producir fruto de valor infinitamente mayor: influenciar almas y guiarles a tener una relación creciente con Jesucristo.

Pablo entendió que los colosenses eran tentados a transigir en sus creencias para que la sociedad los aceptara y promover sus propios objetivos. Sin embargo, tenían que recordar lo que era realmente importante y eterno. Como escribió en 1 Corintios 3.13, 14: «La obra de cada uno se hará manifiesta; porque el día la declarará, pues por el fuego será revelada; y la obra de cada uno cuál sea, el fuego la probará. Si permaneciere la obra de alguno que sobreedificó, recibirá recompensa. Si la obra de alguno se quemare, él sufrirá pérdida».

En otras palabras, si empleamos nuestras energías persiguiendo ambiciones terrenales, esas energías se acabarán ; pero cuando obedecemos a Dios, llevando a cabo las tareas que Él tiene para nosotros, tenemos la seguridad de que seguirán produciendo fruto cuando ya no exista el tiempo (Filipenses 1.6).

De igual forma, aquellos por los que nos preocupamos a veces quieren hacer lo fácil: comprometer sus valores para aliviar su dolor o lograr metas mundanas. Pero deberíamos orar para que el Señor ponga «eternidad en el corazón de ellos» (Eclesiastés 3.11), dándoles una perspectiva y prioridad eternas, para que se sometan a lo que Él quiera hacer con sus vidas y le permitan usarles poderosamente en su obra fructífera.

4. El conocimiento de Dios

En cuarto lugar, Pablo oró para que los colosenses siguieran «creciendo en el conocimiento de Dios» (Colosenses 1.10), que se relacionaran con el Padre de una manera profundamente íntima y personal. En otras palabras, Pablo estaba pidiendo que el Señor ayudara a los colosenses a experimentar la conversación suprema.

Como usted y yo ya hemos visto, una persona puede saber mucho acerca de Dios, pero no llegar a conocerlo como el Buen Pastor, el gran Solucionador de problemas, *YHWH, Elohim, Adonai* y nuestro amado Salvador. Pero nuestro entendimiento de quién es Él, da forma a la manera en que nos relacionamos con Él, lo que le decimos y si esperamos o no que nos responda. Por tanto, es de suma importancia que aquellos por quienes intercedemos sigan buscándolo y aprendiendo sus caminos. Con esto en mente, oramos:

Primero, le pedimos al Padre que se revele a ellos mediante la Escritura, que ilumine sus tiempos de oración y estudio de la Biblia para que reconozcan mejor su carácter fiable. Esto es debido a que los hábitos, conductas y prácticas que nos ayudan a interactuar con el Señor son igualmente cruciales para

> *Pídale al Señor que les ayude a experimentar la conversación suprema.*

aquellos por quienes oramos; y como hemos visto, el mejor lugar donde cualquiera puede comenzar a buscar a Dios es a través de su Palabra. La Biblia no solo nos familiariza con lo que Dios dice, sino también con el modo en que Él nos comunica su voluntad. Por tanto, pedimos que el Señor vierta luz sobre la Escritura para ellos de forma poderosa.

Segundo, le pedimos al Padre que les motive y capacite para aplicar lo que hayan aprendido en su tiempo a solas con Él. Oramos para que tengan valor y afronten los asuntos que el Espíritu Santo traiga a la superficie, y que estén dispuestos a tratarlos como Él les indique.

Finalmente, le pedimos al Señor que les ayude a obedecerlo, independientemente de lo que Él les dirija a hacer. Y le alabamos, entendiendo que cualquier cosa que Él pida al final les ayudará a crecer y a acercarse más a Él, aumentando así su conocimiento de sus caminos.

5. *Una fortaleza poderosa, firme y paciente*

La quinta petición de Pablo para los colosenses era que fueran «fortalecidos con todo poder, conforme a la potencia de su gloria, para toda paciencia y longanimidad» (Colosenses 1.11).

Siempre que usted y yo experimentamos pruebas o desafíos, es posible que perdamos fuerzas, y que dudemos de nuestras aptitudes y habilidades; incluso, es posible que desahoguemos nuestras frustraciones con quienes están más cerca de nosotros.

Probablemente suceda lo mismo con las persona por las que usted está orando. Es probable que se sientan débiles, incompetentes y desanimadas. Necesitan que Dios las capacite con fuerzas para ayudarlas a soportar, a obedecerle a Él a pesar de los obstáculos que puedan encontrar, y a ser pacientes con quienes las rodean.

Por tanto, pídale al Padre que las enseñe a confiar en Él y no en sus propias capacidades. Ore también para que aumenten su dependencia del Espíritu Santo, y para que confíen en que Él las capacitará para llevar a cabo su voluntad. Sin lugar a dudas, Él las «afirmará, fortalecerá y establecerá» (1 Pedro 5.10) si confían en su poder infalible.

6. Un corazón agradecido y gozoso

La petición final del apóstol Pablo fue que los colosenses tuvieran la actitud correcta: «con gozo dando gracias al Padre que nos hizo aptos para participar de la herencia de los santos en luz» (Colosenses 1.11–12). Pidió que incluso en las pruebas, pudieran ser agradecidos por todo lo que Dios había hecho en sus vidas, teniendo en cuenta las muchas bendiciones que Él les había dado.

Pida al Padre que las enseñe a confiar en Él y no en sus propias capacidades.

De igual forma, nosotros debemos orar para que las personas por las que sentimos una carga vean el amor del Señor incluso en medio de su adversidad, confiando en que

Él sacará cosas buenas de su sufrimiento. Como nos enseña 1 Tesalonicenses 5.18: «Dad gracias en todo, porque esta es la voluntad de Dios para con vosotros en Cristo Jesús». Esa palabra «todo» es un desafío porque habrá situaciones en las que no nos sentiremos particularmente agradecidos. Hay problemas que afrontamos que afectan negativamente cada aspecto de nuestra vida, nos roban el gozo y hacen que apartemos nuestra mirada del Padre.

Ha habido veces durante los años que he subido a la plataforma de la iglesia para predicar, en las que al comenzar un servicio mi corazón estaba en otra parte. Estaba todo lo preparado que podía mental y espiritualmente para predicar el mensaje, pero emocionalmente luchaba con algún asunto devastador.

Dar gracias cambia nuestro enfoque de la dificultad que estamos afrontando al asombroso carácter, provisión y amor de Dios.

Era en esos momentos cuando más experimentaba algo extraordinario. Mientras tocaba la orquesta y el coro y la congregación comenzaban a cantar, mi corazón respondía a las palabras de esos himnos. Dar gracias cambiaba mi enfoque de la dificultad que estaba enfrentando, al asombroso carácter, provisión y amor de Dios. De repente, mis problemas no parecían ser tan abrumadores.

Por eso es tan importante que oremos para que el Señor siga entronizado en sus alabanzas (Salmo 22.3), porque no hay absolutamente nada mejor que podamos hacer que darle gracias en las circunstancias más difíciles. Cuando apartemos nuestros ojos del problema para mirarlo a Él, nos daremos cuenta de que Él ya nos ha dado la victoria. Eso no solo nos animará, sino que nos dará la esperanza que necesitamos para soportar todo lo que duren las pruebas.

DIOS OBRARÁ A TRAVÉS DE SUS ORACIONES

¿Quiere que sus seres queridos tengan una relación íntima y poderosa con el Padre? ¿Desea que le sirvan con pasión y fidelidad? Sus oraciones pueden tener una influencia increíble en sus vidas, así que llévelas ante Él regularmente, usando las palabras de Pablo en Colosenses como su modelo, y confíe en que Dios obrará en sus vidas de manera poderosa.

Con esto en mente, le desafío a comprometerse a memorizar este bosquejo. Ore para que las personas por quienes siente carga, sus amigos y sus seres queridos desarrollen:

- Un conocimiento de la voluntad de Dios (Colosenses 1.9).
- Un caminar digno (Colosenses 1.10).
- Un trabajo fructífero (Colosenses 1.10).
- El conocimiento de Dios (Colosenses 1.10).
- Una fortaleza poderosa, firme y paciente (Colosenses 1.11).
- Un corazón agradecido y gozoso (Colosenses 1.11, 12).

Por supuesto, estas peticiones no le garantizan que cada momento de sus vidas vaya a ser fácil, pero pueden ayudar a sus seres queridos a ser más como Cristo, creciendo en su paciencia por los demás, purificando sus deseos y soportando las pruebas.

Su Padre celestial será fiel en cumplir sus promesas, así que nunca ponga en tela de juicio si sus conversaciones con el Señor por otras personas son importantes o no. Por supuesto que lo son. Las peticiones que encuentra en Colosenses 1.9–12 están todas alineadas con la voluntad de Dios y pueden ayudar a la persona por la que está orando a tener éxito en las batallas que esté librando. Usted puede impactar otras vidas eternamente.

Nunca olvidaré el sonido de la voz de mi madre cuando pronunciaba mi nombre ante el Padre. Se arrodillaba a mi lado y oraba: «Dios, por favor ayuda a Charles». Recuerdo cómo le pedía al Señor que me guardara, me ayudara a hacer mi tarea escolar y me usara para su reino.

Mi madre no tenía ninguna idea terrenal de todo lo que el Padre me llevaría a hacer; pero cuando pienso en sus sencillas y dulces oraciones cuando se arrodillaba en esa modesta habitación en Dry Fork, Virginia, me sorprendo mucho y me humillo al ver cómo Dios actuó a través de ellas. Ella nunca imaginó que yo tendría el privilegio de predicar el evangelio en todo el mundo.

El Señor al que usted sirve «es poderoso para hacer todas las cosas mucho más abundantemente de lo que pedimos o entendemos» (Efesios 3.20), y puede hacer más mediante su intercesión de lo que usted jamás podría soñar.

Del mismo modo, quizá usted nunca llegue a conocer el impacto de sus oraciones. Tan solo recuerde que el Señor al que usted sirve «es poderoso para hacer todas las cosas mucho más abundantemente de lo que pedimos o entendemos, según el poder que actúa en nosotros» (Efesios 3.20). Él puede hacer más mediante su intercesión por otros de lo que usted jamás podría soñar.

Así que, siga hablando con Él y orando por ellos.

Padre, qué agradecidos estamos por poder hablar contigo de cualquier cosa, incluyendo las necesidades de nuestros familiares, amigos, compañeros de trabajo, hermanos en la fe y conocidos. Te damos gracias por usar incluso las cargas que tenemos por ellos para nuestro propio bien y para tu gloria.

Oramos por nuestros hermanos y hermanas en Cristo en todo el mundo que fielmente proclaman el evangelio a pesar de la terrible persecución. Padre, te pedimos que les protejas, animes, ayudes a entender tu voluntad para sus vidas, y les muestres cómo andar de una manera digna de tu nombre. Por favor, que su trabajo sea fructífero, que aumente su conocimiento de tus caminos y que les des fortaleza para soportar, y crea en ellos un corazón gozoso y agradecido. Que lleven a muchas personas a una relación creciente contigo.

Padre, también oro por este lector y las cargas de oración que esta persona tiene en este momento. Llena esta querida alma con el conocimiento de tu voluntad en toda sabiduría e inteligencia espiritual, para que ande de una manera digna de tu nombre, agradándote en todos los aspectos. Pido que la vida de esta persona sea muy productiva, que dé fruto en toda buena obra para tu reino. Capacita a este lector para que crezca diariamente en su conocimiento de tu carácter infalible y de tus caminos santos. Ilumina el tiempo que esta persona pase en las Escrituras, ayudándola a aplicar tu Palabra a su vida y capacitándola para cumplir tus mandamientos. Fortalece a este creyente con todo poder, según tu gloriosa fuerza, para que esta persona pueda estar firme y ser paciente independientemente de lo que ocurra. Y llena esta querida alma de gozo y agradecimiento por tu gran amor y provisión, Padre.

Gracias por capacitarnos para ser parte de tu salvación y de la gran promesa del cielo. Te amamos y alabamos, Señor. En el nombre de Jesús, oramos. Amén.

11

LA RESPUESTA A LOS DESEOS
DE NUESTRO CORAZÓN

Aceptar el reto de esperar

NINGÚN LIBRO ACERCA DE LA conversación suprema con Dios estaría completo si no hablara de cómo el Padre ve los deseos, las metas y las ambiciones de nuestro corazón. Después de todo, nuestros sueños a menudo son nuestras peticiones más fervientes cuando hablamos con Él. Son las aspiraciones que nos motivan, estimulándonos a crecer y a lograr cosas. A menudo nos hacen arrodillarnos porque las ansiamos intensamente.

Es esencial que sepamos si el Señor se interesa o no verdaderamente por las cosas que son importantes para nosotros.

Así que, antes de examinar lo que dice la Palabra de Dios al respecto, permítame preguntarle: ¿Qué es eso por lo que suspira y que está por encima de todas las demás cosas del mundo? ¿Cuál es el deseo supremo de su corazón? Probablemente sepa lo que es inmediatamente, porque al instante viene a su mente. Quizá le haya pedido al Padre que se lo dé en repetidas ocasiones, pero parece que aún no ha visto que suceda nada. Con el paso de los años, quizá se pregunte incluso si Él contestará alguna vez esa petición en particular.

Nuestros sueños nos inspiran y motivan, estimulándonos a crecer y a lograr cosas.

La mayoría de nosotros tenemos sueños que anhelamos que se cumplan. Citamos las maravillosas promesas del Señor y esperamos pacientemente ese día en que Él recompense nuestra fe. Quizá haya algo que queramos lograr, obtener o poseer. Ya sea un objetivo del que nos encanta hablar o un anhelo tan personal que no nos sentimos cómodos compartiéndolo con otros, siempre viene a nuestra mente cuando nos arrodillamos para orar. Si el Señor nos dijo que nos daría algo que queríamos, sabemos exactamente lo que eso sería.

Eso no tiene nada de malo. Vemos a lo largo de las Escrituras que Dios mismo tiene deseos, como su deseo de que «todos procedan al arrepentimiento» (2 Pedro 3.9). Nuestro Creador nos diseñó con la capacidad de planear y perseguir nuestros objetivos porque nos inspiran a perseverar a pesar de la adversidad. También puso sueños dentro de cada creyente para bendecirnos y motivarnos a buscarlo.

LA DETERMINACIÓN DE CONDUCIR UN AUTO

Cuando mi hija Becky cumplió dieciséis años, me dijo que uno de sus objetivos era tener un automóvil. No era su mayor objetivo, claro está, ya que tenía otros objetivos como terminar sus estudios de secundaria, ir a la universidad, formar una familia, etc. Era una chica brillante con un futuro maravilloso por delante, y yo confiaba en ella implícitamente. Pero en ese entonces, yo no estaba listo para que ella tuviera un automóvil, y ella entendió mis razones. Sin embargo, mi decisión no eliminó su deseo de tener su propio medio de transporte, así que se pasó los dos años siguientes orando para hacer la voluntad de Dios en ese asunto.

Nuestro Creador nos creó con la capacidad de planificar y perseguir nuestros objetivos, porque ellos nos inspiran a perseverar a pesar de la adversidad, y nos motivan a buscarlo.

A los dieciocho, Becky se acercó a mí y dijo: «He estado orando y buscando la voluntad del Señor en cuanto a mi automóvil, y esto es lo que creo que Dios quiere que haga». Entonces comenzó a describirme el automóvil en detalle: sabía el año, modelo, color y todos los elementos que debía tener el vehículo. Lo tenía todo pensado, cosa que me hizo sonreír.

Yo le contesté: «Sigue preguntándole al Señor al respecto. Aceptaré lo que Él te diga».

Pasaron varios meses y ella seguía buscando la voluntad del Padre. Nunca dijo nada; tan solo seguía orando y confiando en que el Señor le respondería.

Entonces, una noche estábamos cenando y charlando como siempre hacíamos, y mi hijo Andy dijo: «Becky, has estado orando para conseguir un auto, ¿cierto? Quizá podíamos mirar en el periódico y ver si encontramos lo que quieres». Parecía una buena idea, así que después de cenar abrimos la sección de «Se vende» del periódico local y comenzamos a leer.

No lo va a creer, pero había un anuncio de un automóvil precisamente como el que Becky había imaginado y deseado. Andy llamó inmediatamente al propietario y fuimos a verlo. Era cierto; el auto tenía todo lo que Becky quería. El precio ero bueno, y poco después, el automóvil era de ella.

La razón por la que cuento esta historia es porque Dios se interesa por sus deseos y no hay absolutamente nada de malo en tenerlos. De hecho, Jesús nos dice: «De cierto, de cierto os digo, que todo cuanto pidiereis al Padre *en mi nombre*, os lo dará» (Juan 16.23 énfasis añadido). Sin embargo, eso no significa que debamos esperar que el Señor nos dé todo lo que queramos y cuando lo queramos. La clave es *pedir en su nombre*, o alineados con su voluntad.

Aunque Becky quería un automóvil, buscó el tipo que Dios quería que tuviera y también esperó a que Él le guiara para conseguirlo. Puso al Señor primero, incluso en esa simple petición, porque entendía que cuando nuestros sueños están alineados con el propósito y el plan del Padre para nuestra vida, tenemos la seguridad de que los cumplirá.

Como confirma 1 Juan 5.14–15 (énfasis añadido): «Y esta es la confianza que tenemos en él, que si pedimos *alguna cosa conforme a su voluntad*, él nos oye. Y si sabemos que él nos oye en cualquier cosa que pidamos, sabemos que tenemos las peticiones que le hayamos hecho».

Por eso, la pregunta que usted y yo deberíamos hacer siempre al pensar en nuestros objetivos, sueños y aspiraciones es: *¿Se ajustan mis deseos al propósito y al plan de Dios para mi vida?*

> *La pregunta que deberíamos hacer siempre es: ¿Se ajustan mis deseos al propósito y al plan de Dios para mi vida?*

¿MIS DESEOS O LOS DE ÉL?

Quizá se esté preguntando si su deseo más querido sea la voluntad del Señor para usted. Quizá no esté seguro de si fue Dios quien inspiró ese particular anhelo en su corazón en este momento o no; y si no es de Él, ¿tendrá usted que dejarlo a un lado?

Eso depende de la naturaleza de sus aspiraciones, y es aquí donde tiene que tener mucho cuidado. Si entiende quién es Dios, automáticamente sabe que hay algunos hábitos y conductas que son incongruentes con su carácter.

Por ejemplo, 1 Timoteo 6.9, 10 nos dice: «Porque los que quieren enriquecerse caen en tentación y lazo, y en muchas codicias necias y dañosas, que hunden a los hombres en destrucción y perdición; porque raíz de todos los males es el amor al dinero, el cual codiciando algunos, se extraviaron de la fe, y fueron traspasados de muchos dolores».

El Padre no honrará sus anhelos pecaminosos, porque sabe que le producirán vacío, dolor, sufrimiento y frustración. Incluso pueden llevarle a la destrucción y a la muerte (Proverbios 14.12), y ese no es el futuro que Él quiere para usted. Sin embargo, si insiste en exigir hacer las cosas a su manera y buscar gratificar sus anhelos carnales, es posible que Él le permita conseguir lo que quiere y tener después que hacer frente a las consecuencias (Romanos 1.24).

Por tanto, es crucial que tenga mucho cuidado con lo que desea conseguir. Para discernir si el deseo de su corazón encaja o no en el propósito de Dios para su vida, debe buscar su guía. Sepa esto: el Padre moverá cielo y tierra para mostrarle su voluntad, y siempre le dará lo mejor para usted. Puede tener la certeza de que si algo que usted quiere no se ajusta a su maravilloso plan para usted, Él será fiel en revelar su disconformidad cuando usted lo busque.

Muchas veces puede hacer esta simple prueba: si las cosas que quiere conseguir le hacen dejar a Dios fuera de su vida o estorban su relación con Él, puede estar seguro de que no vienen del Señor. Si sus deseos le tientan a alejarse del Padre o correr hacia el pecado, definitivamente no provienen de Él.

Por el contrario, un buen anhelo no solo nos acerca más al Padre, sino que también es su regalo para nosotros. Sabemos esto por su maravillosa promesa en el Salmo 37.4: «Deléitate asimismo en Jehová, y él te concederá las peticiones de tu corazón». Nuestra responsabilidad es buscar al Señor de todo corazón y obedecer sus mandamientos. Cuando lo hacemos, Él nos bendice dándonos un buen anhelo y luego lo satisface muy por encima de lo que habíamos imaginado.

> *Si las cosas que busca estorban su relación con Dios, puede estar seguro de que no vienen de Él.*

NUESTRA RESPONSABILIDAD

Una vez que sabemos que un sueño u objetivo proviene del Padre, ¿cómo podemos mantener la confianza de una manera que lo honre mientras pasa el tiempo? Después de todo, es fácil mantener la fe cuando no tenemos que esperar demasiado para que Dios nos bendiga. Pero normalmente ese no es el caso. De hecho, cuanto más fuertes son nuestros deseos, parece que nuestra paciencia se nos acaba con más rapidez. Con el paso de los días, semanas y meses, podemos descubrir que nos resulta cada vez más difícil confiar en que Él responderá nuestras oraciones. Puede ser que, incluso, comencemos a dudar de que el Señor llegará a satisfacer alguna vez nuestros anhelos.

Quizá es en este punto donde usted se encuentra ahora. Si su deseo proviene verdaderamente de Dios, ¿por qué se demora tanto en cumplir sus promesas para usted? ¿Y cómo mantiene su confianza en el Señor hasta que llegue el cumplimiento? Para responder estas preguntas tenemos que ver el contexto de la promesa del Padre en el Salmo 37.4–7, donde David escribe:

> *Deléitate asimismo en Jehová,*
> *Y él te concederá las peticiones de tu corazón.*
> *Encomienda a Jehová tu camino,*
> *Y confía en él; y él hará.*
> *Exhibirá tu justicia como la luz,*
> *Y tu derecho como el mediodía.*
> *Guarda silencio ante Jehová, y espera en él.*
> *No te alteres con motivo del que prospera en*
> *   su camino,*
> *Por el hombre que hace maldades.*

1. Hacer del Señor nuestra delicia

En este pasaje, vemos que la promesa de Dios para nosotros llega con una responsabilidad importante. Sí, Él nos concederá los deseos de nuestro corazón, pero antes debemos deleitarnos en Él. ¿Cómo lo hacemos? Buscándolo, obedeciéndolo y agradándolo, y gozándonos en que Él es nuestro Señor y Salvador. Cuando nos enfocamos en Dios y sentimos el gozo de su presencia, tendemos a dejar de discutir con Él acerca de lo que es mejor para nuestra vida.

Cuando yo era muy joven, mi madre me enseñó que donde van nuestros pensamientos, pronto seguirán nuestros pies. Si nuestra mente está siempre pensando en lo que anhelamos, sin duda tendremos que lidiar con la impaciencia; pero si mantenemos nuestra atención fijada solo en el Señor, podremos soportar victoriosos. Como nos dice Isaías 26.3: «Tú guardarás en completa paz a aquel cuyo pensamiento en ti persevera; porque en ti ha confiado».

Si mantenemos nuestra atención fijada solo en el Señor, podremos soportar victoriosos.

Eso es lo que quiere el Padre, lo que realmente significa deleitarnos en Él. Nos enfocamos por completo en Él, hasta el punto en que sus planes y sus propósitos vienen a ser los nuestros.

2. Encomendar nuestros caminos a Dios

En segundo lugar, el Salmo 37.5 nos enseña: «Encomienda a Jehová tu camino, y confía en él; y él hará». Debemos estar tan dedicados a hacer la voluntad de Dios que estemos dispuestos a dejar nuestros propios deseos si Él nos lo pide. En otras palabras, debemos estar más consagrados a Él que a nuestros propios sueños y esperanzas.

Para eso se necesita fe, porque solo podemos consagrarnos a Alguien en quien confiemos por completo. De hecho, una de las razones por las que no obedecemos al Señor es que realmente no confiamos en que Él tiene en mente lo mejor para nosotros.

Pero Romanos 8.31–32 nos asegura: «Si Dios es por nosotros, ¿quién contra nosotros? El que no escatimó ni a su propio Hijo, sino que lo entregó por todos nosotros, ¿cómo no nos dará también con él todas las cosas?». El Padre es compasivo, bueno y generoso. Él entiende nuestras personalidades, habilidades y anhelos ocultos. El Señor también sabe lo que nos deparará el futuro.

Usted y yo podemos confiar a nuestro Padre celestial nuestros sueños y esperanzas porque Él sabe lo que usted y yo realmente anhelamos y lo que en verdad satisfará nuestras almas. Él es totalmente digno de nuestra confianza. Él no se conformará con darnos menos de lo mejor para nosotros, y nosotros tampoco debiéramos conformarnos. Y si tenemos fe en Él, lo hará por nosotros.

3. Descansar y esperar en el Padre

Finalmente, el Salmo 37.7 nos dice: «Guarda silencio ante Jehová, y espera en él». Cuando murmuramos, nos preocupamos y nos quejamos, no estamos demostrando confianza; de hecho, estamos discutiendo con Dios. Eso no acelera el proceso; por el contrario, solamente entorpece su obra y nuestro crecimiento.

Usted y yo podemos confiar a nuestro Padre celestial nuestros sueños y esperanzas porque Él sabe lo que usted y yo realmente anhelamos y lo que en verdad satisfará nuestras almas.

Descansar en el Padre significa confiar en su provisión. Confiamos en que Él responderá nuestras oraciones en su tiempo y transformará nuestros sueños para que se amolden a su voluntad. Por supuesto, esto también significa que tenemos que dejar a un lado nuestra agenda y esperar en Dios, lo cual normalmente ensancha nuestra fe en Él. De hecho, esperar es una de las cosas más difíciles que haremos como cristianos. Pero debemos darnos cuenta de que mientras esperamos pacientemente la respuesta del Señor, Él está involucrado activamente en nuestro favor: acomodando nuestras circunstancias, purificando nuestros motivos, enseñándonos a confiar en Él, protegiéndonos de peligros que no vemos y preparándonos para ejercer influenciar en los demás.

Cuando yo era un chico, mi madre me enseñó este principio mediante una maravillosa lección en cuanto a jardinería. Aún recuerdo cómo salimos al patio trasero y ella preparó una pequeña zona de un metro cuadrado para poder sembrar algunas semillas. Aunque yo no tenía ni idea de lo que íbamos a plantar, estaba deseoso de ver lo que ocurriría.

Hicimos algunos hoyos, plantamos las semillas en la tierra y las volvimos a cubrir con tierra. Entonces, mamá me dijo que no tardaríamos mucho en ver salir unos diminutos brotes verdes, lo cual confirmaría que algo estaba ocurriendo debajo de la tierra. No mucho después de eso, veríamos el fruto. Así que día tras día, yo salía al patio trasero y buscaba alguna evidencia de crecimiento. Al no verlo, comencé a impacientarme; y al cabo de una semana estaba tan frustrado que decidí averiguar qué estaba ocurriendo con esas semillas.

Así que las desenterré.

No sabía que tomaría un tiempo para que las plantas nacieran, y por mi prisa por ver los resultados, destruí esas semillas que estaban creciendo. ¿Qué fruto recogí? Ninguno.

Esa experiencia me enseñó una lección sobre ser paciente

y esperar el tiempo de Dios. Cada día, Él acomoda las circunstancias de nuestra vida y obra para llevarnos a una relación íntima con Él. Incluso cuando no podemos ver su actividad, Él nos acerca más hacia Él, enseñándonos sus caminos y cumpliendo sus promesas para nosotros. El Señor tiene un cronograma en cuanto a cómo responderá nuestras oraciones, y nos ayudará a cada uno de nosotros a progresar espiritualmente, conformándonos a la imagen de Cristo. Sin embargo, no deberíamos darnos el lujo de impacientarnos o intentar tomar el control porque esas acciones conllevan consecuencias destructivas.

Por esa razón, el Padre nos aconseja en el Salmo 46.10: «Estad quietos, y conoced que yo soy Dios». No nos corresponde a nosotros descubrir cómo obtendremos sus promesas ni acelerar el proceso. Así que debemos dejar de pensar que podemos lograr sus objetivos para nosotros por nuestras propias fuerzas y darnos cuenta que Aquel que creó los cielos y la tierra tiene nuestras vidas en sus manos. Nuestra responsabilidad es simplemente obedecer, descansando con

> *«No seas impaciente esperando que el Señor se manifieste. Continúa tu marcha firme por tu senda, y a su tiempo Él te honrará con toda bendición» (Salmo 37.34 LBAD).*

la expectativa de su provisión para nosotros, y confiando en que «Jehová cumplirá su propósito en mí» (Salmo 138.8).

Así que recuerde que Dios actúa en favor de los que lo esperan (Isaías 64.4), y como nos aconseja el Salmo 37.34 LBAD: «No seas impaciente esperando que el Señor se manifieste. Continúa tu marcha firme por tu senda, y a su tiempo Él te honrará con toda bendición».

SOPORTAR HASTA QUE LLEGUE SU RESPUESTA

Por tanto, ¿qué es lo que más espera usted por encima de las demás cosas en este mundo? Como ya hemos dicho, sus deseos son una parte importante de su caminar cristiano. Sus sueños cuando son piadosos le motivan a cumplir los planes del Padre para usted. Le animan a continuar hacia sus metas, a pesar de las pruebas; y le inspiran a buscar el rostro de Dios.

Pero ¿cómo puede continuar deleitándose en Él, consagrando sus caminos a Él, y anticipando su provisión pacientemente mientras espera recibir su bendición? ¿Cómo puede evitar inquietarse, impacientarse, perder su fe o adelantarse a Él? ¿Cómo puede confiar en Él pensando que tiene lo mejor para usted hoy y cada día, sabiendo que si usted permanece fiel, Él satisfará los deseos de su corazón?

1. Busque a Dios con perseverancia

En primer lugar, debe perseverar en la conversación suprema con Dios, *siguiendo firmemente en el trayecto a pesar de cualquier obstáculo o dificultad*. No se rinda, sino manténgase firme, en constante comunión con el Padre, enfocado en Él y no en sus circunstancias.

Jesús dijo: «Pedid, y se os dará; buscad, y hallaréis; llamad, y se os abrirá. Porque todo aquel que pide, recibe; y el que busca, halla; y al que llama, se le abrirá» (Mateo 7.7, 8). El Salvador nos invita a acercarnos al Padre libremente con nuestras peticiones, con la plena esperanza de que Él suplirá todas nuestras necesidades.

Jesús nunca prometió que todas las puertas se abrirían inmediatamente; por el contrario, al decirnos «buscad» y «llamad», Jesús usó una forma verbal griega que se llama *presente imperativo*. Estos verbos se traducen mejor como «llamad, y seguid llamando» o «buscad, y seguid buscando». En otras palabras, la perseverancia es un aspecto vital de las oraciones respondidas. Algunos de los regalos que el Padre tiene para nosotros solo llegan después de mucho tiempo de espera y oración.

Por tanto, no se desanime si no logra

> *Algunos de los regalos que el Padre tiene para nosotros solo llegan después de mucho tiempo de espera y oración.*

sus metas o recibe los deseos de su corazón cuando cree que debería. El Señor sabe exactamente lo que usted necesita: qué necesita ser desarrollado en su carácter, qué cambios debieran producirse en su vida, qué áreas de su fe requieren crecimiento y qué detalles deben arreglarse. Y Él esperará hasta que usted esté listo.

Por ejemplo, el deseo del corazón de David era ser rey de Israel, en obediencia al mandamiento de Dios (1 Samuel 16.12–13). Pero desde el tiempo en que Samuel le ungió como el sucesor de Saúl hasta que David reinó en toda la nación (2 Samuel 5.1–5) ¡pasaron más de *dos décadas!* Y fue muy difícil para él. En una ocasión escribió: «Cansado estoy de llamar; mi garganta se ha enronquecido; han desfallecido mis ojos esperando a mi Dios» (Salmo 69.3).

Quizá usted también se haya sentido así mientras esperaba que sus sueños se hicieran realidad. Es fácil desanimarse y perder la esperanza si su enfoque no está en el Padre.

Afortunadamente, David tenía sus ojos puestos en el Señor, y al final de su vida, testificó:

En cuanto a Dios, perfecto es su camino,
Y acrisolada la palabra de Jehová.
Escudo es a todos los que en él esperan.
Porque ¿quién es Dios, sino sólo Jehová?
¿Y qué roca hay fuera de nuestro Dios?
Dios es el que me ciñe de fuerza,

Y quien despeja mi camino;
Quien hace mis pies como de ciervas,
Y me hace estar firme sobre mis alturas;
Quien adiestra mis manos para la batalla,
De manera que se doble el arco de bronce con
*   mis brazos.*
Me diste asimismo el escudo de tu salvación,
Y tu benignidad me ha engrandecido
*   (2 Samuel 22.31–36).*

David entendió que era Dios quien lo había capacitado ser rey y quien le había establecido en el trono de Israel. Vio de primera mano que siempre vale la pena esperar en el Padre, y usted también lo verá. Así que dé tiempo al Señor para cumplir su voluntad en su vida. No se rinda; siga obedeciéndolo.

2. Busque a Dios con confianza

En segundo lugar, debemos orar con *confianza, creyendo en la fidelidad del Señor.* Estamos totalmente convencidos de que Él hará lo que dice.

Jesús dijo: «¿Qué hombre hay de vosotros, que si su hijo le pide pan, le dará una piedra? ¿O si le pide un pescado, le dará una serpiente? Pues si vosotros, siendo malos, sabéis dar buenas dádivas a vuestros hijos, *¿cuánto más* vuestro

Padre que está en los cielos dará buenas cosas a los que le pidan?» (Mateo 7.9–11, énfasis añadido).

Deberíamos prestar atención a lo que Jesús está diciendo aquí. Las piedras alrededor del mar de Galilea eran redondas, del mismo color y forma que su pan diario. Se parecían, pero no eran lo mismo. Ningún padre le daría eso conscientemente a su hijo. De igual manera, las serpientes probablemente se parecían a ciertos peces que se podían pescar; pero no solo eran venenosas, sino que los peces sin aletas, como las anguilas, estaban prohibidos según la ley levítica (Levítico 11.1, 9–12). Ninguna buena madre o padre permitiría que su pequeño comiera algo así.

> ¿Cuánto más nuestro Padre celestial, nuestro Dios santo, justo y amoroso, dará lo que es bueno cuando le pedimos que nos guíe?

Con esto en mente, ¿cuánto más nuestro Padre celestial, nuestro Dios santo, justo y amoroso, dará lo que es bueno cuando le pedimos que nos guíe?

En otras palabras, hay cosas en la vida que parecen ser lo que usted y yo quizá queramos. Puede que haya cierta persona con la que se quiere casar o un trabajo que desearía que el Señor le dé; pero Dios sabe cuándo lo que usted quiere realmente no le satisfará. Usted cree que está consiguiendo una barra de pan o un pez que le alimentará, le llenará y le dará energía, pero el Señor ve más allá que usted, y Él sabe si esa persona o esa posición por las que usted está orando, terminarán siendo una piedra o una serpiente venenosa para su cuerpo: algo totalmente destructivo.

Puede estar tranquilo sabiendo que Dios le evitará ese peligro mientras usted esté escuchándolo. Su Padre celestial perfecto y amoroso quiere darle exactamente lo que necesita porque se preocupa por usted. Puede estar tranquilo sabiendo que Él le dará regalos que le beneficien en todos los sentidos. Por tanto, búsquele *confiadamente*, sabiendo que Él nunca le hará desviarse ni fallará en cumplir su promesa para usted. No siga adelante sin Él.

MÁS DE LO QUE PODEMOS IMAGINAR

Como he contado en este libro, el deseo de mi corazón a lo largo de toda mi vida ha sido servir a Dios y guiar a la gente a una relación cada vez mayor con Jesucristo. Esto comenzó en 1947, cuando a los catorce años de edad, el Señor me llamó a predicar el evangelio. Hubo muchas veces en que, desde un punto de vista humano, parecía como si el Padre no fuera a cumplir los sueños que yo tenía de hablar a la gente de Él porque no tenía dinero, había mucha oposición y me encontré con muchos obstáculos. Sin embargo, vez tras vez, Él demostró ser totalmente fiel al darme todo lo que necesitaba para servirle.

Después, en 1971, Dios permitió que me convirtiera en pastor de la Primera Iglesia Bautista de Atlanta. Recuerdo que oraba en ese entonces para que pudiéramos llevar el mensaje de salvación fuera de las paredes de la iglesia. Poco después, el Señor nos dio la oportunidad de retransmitir un programa sencillo de treinta minutos titulado «La hora de la capilla», en WXIA-TV 11 y WANX 46. Después, TBS en el canal 17 nos dio un espacio para predicar el evangelio. Después de eso, CBN llamó y pidió permiso para usar algunos de nuestros sermones. Seguíamos escuchando y confiando en Dios, y las puertas seguían abriéndose. Y después, en 1980, nuestra primera emisión de radio comenzó a lanzarse en una pequeña estación de 100.000 vatios en McAllen, Texas: KVMV-FM 96.9.

Yo no podía creer todo lo que el Padre estaba haciendo. El ministerio estaba creciendo y Ministerios En Contacto estaba añadiendo constantemente estaciones de televisión y radio. Era sorprendente.

Pero entonces Dios comenzó a inquietar algo dentro de mí. Recuerdo leer el Salmo 67.2 (LBAD), que dice: «Envíanos por la redondez del mundo llevando la noticia de tu poder salvador y de tu eterno plan para toda la humanidad». Eso me impactó. Me preguntaba si el Señor querría que yo fuera al campo misionero, así que le dije que haría cualquier cosa que Él me pidiera.

Otras veces, leía la Gran Comisión, que decía: «Por

tanto, id y haced discípulos a todas las naciones, bautizándolos en el nombre del Padre y del Hijo y del Espíritu Santo; enseñándoles que guarden todas las cosas que os he mandado; y he aquí yo estoy con vosotros todos los días, hasta el fin del mundo» (Mateo 28.19–20), y me quedaba atascado en la parte que dice: «haced discípulos *a todas las naciones*».

La verdad era que anhelaba ver a gente salvarse, y estábamos haciendo un buen trabajo al respecto en Estados Unidos. Pero no era suficiente. Entendí que lo que realmente quería era llevar el evangelio a todo el mundo; así que comencé a orar al respecto.

«Envíanos por la redondez del mundo llevando la noticia de tu poder salvador y de tu eterno plan para toda la humanidad» (Salmo 67.2 LBAD).

Recuerdo una mañana en particular en que Dios me habló sobre esto de forma muy poderosa. Era el final de la década de los ochenta, y En Contacto estaba celebrando una conferencia en Kansas City. Yo estaba arrodillado ante el Padre, leyendo su Palabra y pidiéndole su guía acerca del mensaje que debía predicar. Cuando terminé, me levanté y miré al exterior a través de un gran ventanal del coliseo donde estábamos celebrando nuestra conferencia. Afuera estaba ese edificio que no tenía otra cosa sino receptores de satélites y antenas de retransmisión en su tejado. En ese momento fue como si el Señor me dijera: «Así es como lo voy a hacer. Así es como te usaré para enviar el evangelio por todo el mundo».

Nunca le dije nada a nadie; tan solo me limité a ver actuar a Dios en todo esto de formas muy poderosas. Hoy día, más de dos décadas después, no solo tenemos nuestros mensajes que retransmitimos traducidos a más de cien idiomas, sino que también estamos en estaciones de radio y televisión en todo el mundo predicando las buenas nuevas de salvación. Tenemos varias páginas web en diferentes idiomas como el mandarín, hindi, farsi y coreano; y nuestros *Mensajeros de En Contacto,* alimentados por energía solar, que contienen treinta y cinco sermones que enseñan la verdad del evangelio, ahora están en doce idiomas, y seguimos desarrollando más.

> *Nosotros no habíamos planeado nada de esto. Dios abrió todas las puertas. Nosotros simplemente lo obedecimos, y a cambio fuimos bendecidos.*

Creo que estamos viviendo en la era más emocionante y fascinante de toda la historia mundial, capaces de hablarles de Jesús a tantas personas en tantos países distintos que es algo absolutamente increíble. Y no habíamos planeado nada de esto. Dios abrió todas las puertas. Nosotros simplemente lo obedecimos, y a cambio fuimos bendecidos.

Digo todo esto para que usted se anime. No importa cuáles sean los obstáculos que haya para lograr el deseo de su corazón, no pierda la esperanza. Independientemente de cuánto deba esperar, siga confiando y obedeciendo al Señor con perseverancia y confianza. Si ese sueño viene del Padre, puede estar seguro de que Él lo cumplirá.

Él tiene planes grandes y maravillosos para su vida, más increíbles de lo que usted podría imaginar (Efesios 3.20, 21). Así que permanezca en esta conversación suprema con Él, haga de Él su delicia, encomiende a Él su camino y descanse en su cuidado. Y nunca olvide: «Mantengamos firme, sin fluctuar, la profesión de nuestra esperanza, porque fiel es el que prometió» (Hebreos 10.23).

Padre, qué agradecidos estamos de que nos ames como lo haces. Nos cuidas tal y como somos y siempre provees lo mejor para tus hijos. Señor, por favor danos la sabiduría para discernir tus planes y propósitos para nuestra vida. Cuando nuestros deseos sean un obstáculo para nuestra relación contigo, por favor háznoslo saber para arrepentirnos de ellos.

Señor Dios, oro específicamente por este lector hoy, para que reveles tus maravillosas esperanzas y sueños a su paciente corazón. Dale a esta querida alma la confianza para perseverar en fe a pesar de los obstáculos y desafíos que surjan. Muestra a esta persona cómo deleitarse en ti, comprometerse a hacer tu voluntad, descansar en tus caminos y esperar tu tiempo perfecto. Gracias por tus maravillosos planes para la vida de esta persona.

A ti sean toda la sabiduría, gloria, poder y alabanza, Señor Dios Todopoderoso. Oro en el maravilloso e incomparable nombre de Jesús. Amén.

12

INTIMIDAD CON DIOS

Descanso y gozo en su presencia para siempre

HAY MUCHOS DÍAS EN QUE simplemente no puedo esperar a llegar a casa y estar a solas con el Padre. Estoy deseoso de dejar atrás el estrés y las decisiones, quitarme el traje y la corbata, entrar en mi lugar de oración, abrir la Palabra de Dios y relajarme en sus brazos de amor. Muchas veces ni siquiera tengo que pronunciar una sola palabra. Simplemente quiero oír del Señor, experimentando su calmada sabiduría y dulce presencia. No hay absolutamente nada mejor en la vida que estar con Él.

De esto se trata la conversación suprema: *intimidad con Dios*. Tenemos comunión con el Padre, aprendemos sus caminos y disfrutamos de su compañía. Caminamos con Él a través de las montañas y los valles de la vida, confiando siempre en que Él nos guiará de la mejor forma posible. Y mientras lo hacemos, Él reproduce su vida en nosotros, conformándonos a su carácter y llenándonos de su gozo.

¿Es eso lo que usted desea? ¿No le gustaría oír decir al Padre: «Hijo mío, te amo y tengo todo bajo control. Voy a guiarte en medio de cada dificultad. Te fortaleceré y capacitaré en cada circunstancia. Obraré en cualquier situación que afrontes para revelarme a ti y transformar las vidas de otros»? ¿Anhela oír que Él le dice eso personalmente? Bueno, entonces anímese, pues este es el mensaje que Él le da en toda su Escritura (Génesis 28.15; Deuteronomio 31.6, 8; Isaías 41.10; Jeremías 1.8, 19; 15.20; Mateo 28.20). Es también lo que Él quiere que usted guarde hoy en su corazón.

> *De esto se trata la conversación suprema: intimidad con Dios.*

Amigo, Dios *quiere que usted lo conozca*. A Él le encantaría que usted se sentara tranquilamente en su presencia y dijera: «Señor, hoy no deseo nada sino a ti. Tengo hambre de conocerte mejor y entenderte más. Anhelo tener una relación profunda contigo y entregarme a ti por completo». Esto es debido a que la intimidad con el Padre es más de lo que usted y yo podemos hacer para que Él esté contento o haga, como respuesta a nuestras oraciones.

La intimidad dice: «Dios, aquí está mi corazón. Estoy dispuesto a ser vulnerable ante ti de cualquier forma: en mi alma, mi espíritu y en todo lo que soy. No me estoy reservando absolutamente nada». Es una relación intensamente *personal* y *profunda*. Se trata de quiénes somos: nuestra personalidad, carácter, habilidades y todo lo demás que tenemos; de estar totalmente entregados a lo que Él es, así como Él lo está con nosotros.

Piense en la maravillosa invitación que Él le ha hecho. Lo más importante que usted puede hacer, el privilegio más grandioso que tiene en esta tierra, es hablar con el Padre celestial sobre cualquier cosa que haya en su corazón. Usted puede tocar a cualquiera, en cualquier lugar del mundo, por medio de sus oraciones, cualesquiera que sean las circunstancias. Puede mover montañas, transformar naciones y superar cualquier problema cuando habla con el Señor. Y usted lo conocerá a Él «como fui conocido» (1 Corintios 13.12).

Mi oración es que usted conozca al Padre de esta forma, y que encuentre la motivación para confiarle todas las áreas de su vida, porque no hay nada tan bueno o liberador como experimentar en verdad una relación íntima con Dios. Cuando usted se abre completamente a su infalible amor, Él desarrolla en su interior *estabilidad, seguridad, entendimiento espiritual, sensibilidad* y *serenidad*.

En primer lugar, la intimidad con el Señor produce *es-*

> *Lo más poderoso que usted puede hacer, el privilegio más grandioso que tiene en esta tierra, es hablar con el Padre celestial sobre cualquier cosa que haya en su corazón.*

tabilidad en su vida. Una relación con Dios es como un ancla que le mantiene arraigado a pesar de las circunstancias porque Él nunca cambia: su carácter es indefectiblemente digno de confianza. Aunque las personas y las situaciones van y vienen, Él sigue siendo el mismo Señor omnipotente, omnisciente, omnipresente, omnibenevolente que nunca le dejará ni le abandonará (Deuteronomio 31.6, 8).

Usted no solo puede tener confianza en que Dios tiene la *capacidad* de ayudarle, sino que también puede estar seguro de que Él está verdaderamente *dispuesto* a escucharle y acudir en su ayuda. Esta combinación nos asegura una vida de firme estabilidad.

En segundo lugar, a medida que crece en su relación con el Salvador, se da cuenta de lo *seguro* que está en Él. Mientras aprende a oír la voz del Señor, Él le enseñará lo mucho que se preocupa por usted tal y como es, no porque usted sea perfecto, sino porque es su naturaleza hacerlo como el Buen Pastor que es. Como nos enseña 1 Juan 4.10: «En esto consiste el amor: no en que nosotros hayamos amado a Dios, sino en que él nos amó a nosotros, y envió a su Hijo en propiciación por nuestros pecados». Nuestra tarea no es tener éxito; esa es responsabilidad de Él. Nuestra labor es confiar en su amor y responder a su llamado en fe y obediencia.

Su Padre celestial se comunica con usted personalmente acerca de su sabia provisión y protección como preparación para todo lo que hay por delante. Puede confiar sin ninguna duda en su guía.

En tercer lugar, pasar tiempo diariamente en la conversación suprema con Dios, escuchándole en oración y meditando en la Escritura, hará aumentar su *entendimiento espiritual*. A medida que se relaciona con el Padre, comienza a comprender su Palabra de una manera más profunda que antes, y Él le permitirá ver sus circunstancias desde la perspectiva de Él (Jeremías 33.3).

> *Nuestra tarea no es tener éxito; esa es responsabilidad de Él. Nuestra parte es confiar en su amor y responder a su llamado con fe y obediencia.*

Recuerde siempre que el Señor está *constantemente* enseñándole, demostrándole pacientemente su amor y sabiduría mediante cada acontecimiento y cada detalle de su vida. Quizá se sorprenda de cuánto más puede usted entender sobre el mundo que le rodea, al crecer en su conocimiento de los caminos de Dios.

Por tanto, busque al Padre en privado, con humildad, sinceridad y obediencia, porque Él le ama y le acepta tal como usted es. Enfóquese en su autoridad, santidad, poder, sabiduría, propósito, provisión, perdón y bondad. Y escuche con atención los impulsos de su Espíritu.

Cuando usted se sumerge en esta constante e íntima comunicación con el Padre de una forma viva y real, comienza a saber y entender cosas que solo son claras para los que entienden las verdades profundas de su Espíritu Santo. Y a medida que experimente más del carácter sin tacha del Padre en su vida, tendrá más confianza en su provisión para usted a pesar de sus circunstancias o de los obstáculos que encuentre.

> *Su intimidad con Dios determina el impacto, el poder e influencia de su vida sobre aquellos que le rodean.*

En cuarto lugar, la intimidad con el Padre le permitirá desarrollar *sensibilidad* hacia otros, entendiendo las luchas que ellos experimentan. La conversación suprema le hace ser mucho más efectivo al relacionarse y ministrar a otros, porque su intimidad con Dios determina el impacto, el poder e influencia de su vida sobre aquellos que le rodean. Él aumenta su comprensión de ciertos tipos de sufrimiento, para que sea usted un mejor ministro del evangelio. Segunda de Corintios 1.3–7 (énfasis añadido) dice:

Bendito sea el Dios y Padre de nuestro Señor Jesucristo, Padre de misericordias y Dios de toda consolación, *el cual nos consuela en todas nuestras tribulaciones, para que podamos también nosotros consolar a los que están en cualquier tribulación, por medio de la consolación con que nosotros somos consolados por Dios.* Porque de la manera que abundan en nosotros las aflicciones de Cristo, así abunda también por el mismo Cristo nuestra consolación. Pero *si somos atribulados, es para vuestra consolación y salvación; o si somos consolados, es para vuestra consolación y salvación,* la cual se opera en el sufrir las mismas aflicciones que nosotros también padecemos. Y nuestra esperanza respecto de vosotros es firme, *pues sabemos que así como sois compañeros en las aflicciones, también lo sois en la consolación.*

Gracias a la obra del Espíritu Santo en usted, será más receptivo a las necesidades y las emociones de otras personas. Les enseñará lo que el Padre le mostró durante sus propios momentos de dificultad y prueba. Podrá darles consejo sabio y ánimo, que las hará capaces de soportar.

Finalmente, su continua conversación con el Señor es la clave para la *serenidad.* Otra forma en que a menudo digo esto es: *la paz con Dios es el fruto de ser uno con Él.* Incluso en los momentos difíciles o cuando espera el cumplimiento de los deseos de su corazón, su espíritu está calmado y tranquilo. Esto se debe a que confía en que todo lo que sucede en su vida es permitido por su Padre amoroso y santo, y su situación está en buenas manos: las manos de Dios.

> *Todo lo que sucede en su vida es permitido por su Padre amoroso y santo, y su situación está en buenas manos: las manos de Dios.*

Cada vez que usted enfrente un desafío o un tiempo de sufrimiento, esperará las maneras en que Él se le revele de maneras cada vez más profundas y significativas, porque confía en la promesa de Romanos 8.28: «Y sabemos que a los que aman a Dios, todas las cosas les ayudan a bien, esto es, a los que conforme a su propósito son llamados».

Cuanto mejor conozca el carácter perfecto del Señor, menos pedirá, porque tiene fe en su plan perfecto y su provisión infalible. Y cuanto más deje sus circunstancias en sus manos y le obedezca, más le dará Él.

Abrirse a una relación íntima con el Padre puede parecer sobrecogedor, pero le puedo asegurar que no hay nada en el mundo que valga más la pena ni que sea más maravilloso que conocerlo y experimentar su amor. De hecho, descubrirá que al consagrarse cada vez más a Él, más crecerá también su deseo de estar en su presencia.

Por tanto, ¿cuándo fue la última vez que dijo: «Señor, quiero conocerte. No deseo ninguna otra cosa, sino a ti. Anhelo tener una relación más profunda contigo. Enséñame, guíame y dirígeme hoy. Háblame al corazón. Te amo y te entrego mi vida»?

El Soberano del universo tiene todo el poder para suplir cada necesidad que usted tenga, para responder a sus oraciones y darle dirección. Dios está dispuesto a hablar si usted está dispuesto a escuchar. Involúcrese en la conversación suprema con Él, confíe en su cuidado infalible y permítale derramar su amor incondicional en su corazón, porque eso es verdaderamente la mejor de las vidas.

||||||||||||||||||||||||||||||||||||||||||||||||||||||||||||||||||||||||||||||||||||||||||||||||||||||||||||

Padre, qué agradecidos estamos de que Tú, el Dios perfecto, santo y asombroso, desees tener una relación con nosotros y comunicarte con nosotros de maneras tan poderosas. Gracias por reconciliarnos contigo mediante la muerte y resurrección de tu Hijo, Jesucristo. Tú nos has dado el regalo más maravilloso, Señor: la increíble oportunidad de poder relacionarnos, convivir y desarrollar intimidad contigo. Gracias por la conversación suprema, por el privilegio diario de caminar contigo. Estamos muy agradecidos de que nos enseñes a escucharte y nos capacites para hacer tu voluntad.

Padre, oro específicamente por este lector que desea comunicarse contigo y conocerte mejor. Señor Dios, lleva a esta persona a tener una relación íntima contigo diariamente, enseñando a esta persona cómo conectar contigo de formas más profundas y significativas que nunca. Te pido que la fortalezcas y la llenes de fe mediante tu Espíritu. Que esta persona esté arraigada y cimentada en tu amor, y pueda comprender con todos los santos la anchura, longitud, altura y profundidad del amor de Jesús de una manera que sobrepase todo entendimiento. Y que Cristo obre a través de esta querida alma de una forma poderosa para influenciar a todos los que le rodean.

Ayuda a tu hijo a caminar contigo diariamente en la conversación suprema y que esté abierto, entregado y dispuesto para cualquier cosa que tú desees hacer. Estoy muy agradecido porque tú revelarás tus caminos y te darás a conocer a esta preciosa alma.

A ti sean el honor, la gloria, el poder y la alabanza ahora y por siempre, Padre. Porque ciertamente eres digno de nuestro servicio, de nuestras vidas y de toda nuestra devoción. Te amamos y te damos gracias por amarnos. Oro en el incomparable nombre de Jesús. Amén.